Beautiful Life

Beautiful Life

鏡子冥想

運用神經科學技巧，
練習自我反芻，舒緩壓力，
同理自己，增加自信

MIRROR MEDITATION

The Power of Neuroscience and Self-Reflection to Overcome Self-Criticism, Gain Confidence, and See Yourself with Compassion

哥倫比亞大學心理學教授
塔拉·威爾（Tara Well Ph. D.）——著
舒子宸——譯

出版者註記

本書中的內容僅供參考，不能替代官方認證的心理健康機構的專業建議、診斷或治療。如果您對自我心理健康有任何疑問，請尋求專業心理健康諮詢。

本書內容並非虛構，但為確保隱私，某些人物和場景的名稱和細節經過調整和特別處理。因此，若內容中有與任何現存或已過世之人物的相似之處，純屬巧合。

前言

探索鏡中的智慧

你今天照過鏡子了嗎？

你會避免注視自己嗎？

還是你根本就希望自己可以別再照鏡子了？

鏡子可以喚醒我們內在某些強烈的情感，除此之外，鏡子可能還有一些超乎想像的神奇妙用。在本書中，你會發現鏡子是面對生命挑戰時最有效的工具之一，因為它能讓我們誠實地面對自己，而在鏡中看著自我的映射，是身為人類所能擁有最重要、同時也是最強大的體驗之一。

身為成年人，照鏡子似乎成了我們的第二天性。我們習慣照鏡子整理儀容，在出門見人前確認一下自己的儀表。但如果用不同的角度看待鏡中的自己，會發生什麼事？還記得小時候在鏡子裡看到自己時，又是什麼樣的感覺？

當我還是個小女孩時，我會忘我地看著烤麵包機側面反光中自己的倒影，跟這個倒影一起胡鬧、扮鬼臉、模仿週遭的大人，那時的我每當看著自己就會感到安心和愉悅。然而就像大多數人一樣，隨著年齡增長，社會對我們也會有不同的期許，我開始用鏡子來細細端詳自己的外貌，還拿自己和電視上的演員及雜誌上的模特兒做比較。

鏡中的自己似乎永遠差強人意。

然後有一天，我瞥了一眼鏡子，瞬間被鏡中悲傷和愁苦的自己驚呆了，我從沒意識到自己的狀態竟是如此。在熙攘忙碌的生活中自以為一切都好，卻在那一刻清楚意識到，我因為想努力創造在他人眼中的完美的形象，早就和內在真實的感受失聯了。

自那時起，我開始每天花一些時間去看鏡子裡的倒影，不再專注於外表，而是為了確認自己的真實感受。隨著時間過去，這就成了一種超越表象，以同理心來洞見內在真我的一種冥想方法。

身為一名研究科學家，我想了解為什麼鏡子能有如此效果，因此規畫並進行了「鏡子凝視實驗」（mirror-gazing experiments）。研究參與者得對著鏡中的自己冥想，一開始他們看起來尷尬且不自在，臉是緊繃的，眼神冷酷而帶著批判；接下來，我引導他們越過外表往內在深處看，當這個階段接近尾聲時，就會看到神奇的轉變：他們的面孔變得柔和，眼睛開始閃爍著喜悅的光彩，還會分享他們在這過程中產生的許多驚人洞見。看似平平無奇的鏡子，竟能催化出如此多元的內在覺察，這真是件不可思議的事。

我協助人們使用鏡子冥想，並且研究觀察他們在這過程中的變化，透過眾多受試者反饋的驚人啟發裡，可以歸納出三個主要的改變：

首先，他們開始**意識到對自己的批判程度**，無論是對外表不滿意，還是潛意識不被接受的部分，鏡子都讓這些浮上檯面，同時也讓他們從自己臉上清楚看到這些批評對他們造成多大的影響，進而促使他們更加接納和同理自己。

第二，鏡子能如實且細緻地反映面部表情，所以他們能時時刻刻對自己的實際感受更有「覺知」，即「**發現自己的真實感受**」，這一開始對許多人來說有點震驚。某些人清楚地發現自己平常對哪些情緒是迴避的，好比恐懼、憤怒或厭惡感，他們接受和管理情緒的能力也會隨著進行鏡子冥想練習的時間越久而越發寬廣。

最後一個改變則超出我的預期，卻相當令人驚豔：許多人發現這麼做會**對人際關係產生正面的影響**，因為他們會更加清楚自己和他人如何看待彼此。透過鏡子冥想練習，能給予自我滿滿的關注，因此在關係中，他們變得更有能力專注對待和感受他人，從而使人際關係得到深化。

鏡子是我們現今擁有最有價值的工具之一，在這個充滿不確定性的世界裡，只要花時間凝視鏡中自己的雙眼，就能讓你平靜下來，喚醒內在的溫柔。

本書能夠指引你如何以清明、誠實和同理心來看待自己和世界。

這是一段探尋的旅程：你將會透過鏡子來學習如何用同理心看待自己，並在自我倒影中找到平靜，然後將這些技巧應用在與他人的關係之中。我希望你能收下這段旅途中的諸多發現，並且開始將這種反思法應用於你的生活。

現在就讓我們開啟這段鏡子冥想的自我反思之旅吧！

目錄

第一部

面對自己：自我意識導航

01

平凡又神奇的鏡子

鏡子是很迷人的，本書邀請你改變與鏡子的關係，因為你跟它的關係可能比你想的更複雜，所以當我們開始鏡子冥想這趟旅程之前，得先花點時間了解一下過往我們與鏡子的關聯。理解這些關聯非常重要，有可能會影響接下來的自我發現之旅。

兩百年來，鏡子本來是有錢人才能擁有的珍寶，如今卻成了人人都可以擁有的居家用品。幾乎所有人都會用鏡子進行自我修飾，像是刮鬍子、設計髮型和化妝等等，它讓我們能從他人的視角看到自己的模樣。從這個觀點來看，鏡子是很有價值的，因為外貌是展現自我身分以及他人對我們印象的基石。

然而，水仙的神話故事[1]警告我們不要過度沉迷於自己的倒影，過分自滿於自己所看到的景象可能會招致危機。

縱觀歷史，鏡子一直是虛榮、自私和自戀的象徵，《白雪公主》中的邪惡女王問魔鏡：「誰是世界上最美麗的女人？」大家都知道，衡量一個人美麗與否也是鏡子的功能之一。

古今中外的神話和故事，鏡子總是變幻或施行詭計的工具，用煙霧和鏡子就能掩蓋真相。鏡子也能像魔術師的工具那樣蠱惑人心，好比哈利．波特（Harry Potter）坐在意若思鏡前，看到內心深處的渴望顯現並被滿足，他又怎麼會想離開這個令人寬慰的海市蜃樓呢？不幸的是，鏡子的確可能成為自我欺騙並束縛自己的強大工具。

鏡子是我們日常生活中的重要必需品，在本章節中，你將了解如何利用鏡子的自我倒影來讓身體、情感和社交更加協調，用有趣的方式協助自我意識導航，還能模擬與他人的面對面接觸，這同時也是我們社交的基礎。

後面會介紹一些有趣的鏡子應用方式，你可以依照步驟嘗試進行「每日鏡子冥想」，而針對在鏡中看著自己時可能產生的不適和抵抗感，本書也會介紹一些因應技巧。

試試看

鏡子會讓你聯想到什麼？利用下列的引導句來探索你與鏡子之間既有的關聯。你可以寫下自己的回答，或是大聲說出來。

進階作法：請嘗試在照鏡子時做這個練習，或是錄下自己完成並念出以下句子的過程。對於每個提示句，請盡可能列出最詳盡的聯想清單，盡情地挖掘，看看能不能找出至少二十個聯想。過程中只要浮現出什麼想法，就立刻記錄下來，不需用理智或邏輯去判斷。這麼做的目的是爲了挖掘迄今爲止你對鏡子的所有想法和感覺。

範例：

對於引導句：「鏡子是……」

可能的回答：

鏡子是神祕的。

鏡子是嚴苛的。

鏡子是迷人的。

鏡子會令我想避開不看。

鏡子是虛榮的工具。

以次類推。

在這任由聯想自由馳騁而不加以批判的過程中，你可能會對腦海中跳出來的想法或句子感到驚奇。

以下是一些你可以應用的引導句：

鏡子是＿＿＿＿＿＿

鏡子反射出＿＿＿＿＿＿

我喜歡鏡子，因爲＿＿＿＿＿＿

我討厭鏡子，因爲＿＿＿＿＿＿

在鏡子面前，我感到＿＿＿＿＿＿

02 如果沒有鏡子

鏡子是日常生活中整理儀表的必備工具。你可能跟很多人一樣，只有在整理鬍子或頭髮時才照鏡子，然而，除此之外你根本不願意多看鏡子裡的自己一眼。因為如果讓自己繼續待在鏡子前，你可能會本能地開始尋找瑕疵，然後發現鏡子讓你陷入自我批評。那麼，是否避開鏡子，這問題就能輕而易舉地解決呢？

你試過沒有鏡子的生活嗎？實際上還真有人試過。有一些研究單位和個人進行了照鏡子成癮的戒除準研究或實驗[2]，並用部落格和文章記錄下來。這些實驗有些持續了數天，最長則長達六年，而結果驚人地相似。

起初，人們開始意識到照鏡子會引發自我批評，而不照鏡子能讓他們從自我批判中獲得喘息。然而在實驗期間，他們還是得去上班或約會，對他人眼中的自己看起來如何開始變得沒有安全感，他們得依靠親近的人來確認鬍子的狀態，需要他人的肯定來確保自己外表得宜。

隨著實驗的進行，這些人多數變得不太願意社交，因為他們會感到尷尬並想迴避他人的目光。他們似乎也很想念自己，因為從紀錄影片中可以看到，參與無鏡子生活實驗的人們終於與鏡中的自己重聚時所展露的喜悅——終於看到你了！而且你看起來沒有很糟糕嘛！

從這些實驗可以得知，鏡子不是這一切的罪魁禍首，它所勾起的思想和情緒才是，而且最重要的是，它還反映出我們看待自己和他人的方式。

你可能並沒有意識到鏡子和自我倒影在心理和情感中具有多麼重要的作用，你對鏡子的複雜感受往往反映出你對自己的感覺。只要擅加利用，鏡子可以是非常強大的自我覺察工具，與其詆毀這個無害的物品，不如讓鏡子為自己帶來益處，來看看鏡子能給予我們什麼啟發。

鏡子可以讓你知道自己的專注力和對自我批評的控制力是多麼不足，同時可以協助你重新集中注意力並謹慎選擇看待自己的方式。學會善用鏡子，便可以讓自己用溫柔的方式提升自我意識，所以請不要害怕注視自己。

試試看

1. 試著數數看自己每天照幾次鏡子？大部分的智慧型手機都內建計數軟體，可以用來設定並記錄你一天中看著鏡子或任何反光鏡面的次數，試著找出你在二十四小時內看著自己倒影的次數。

2. 試試看能否一整天不照鏡子，這種體驗讓你有什麼感受？在什麼時候你最想念鏡子？什麼時候又會覺得不照鏡子讓你鬆了口氣？

03

在最初，那裡只有臉孔

你有沒有在談話中發現自己試圖引起別人的關注？你正在說話，突然意識到對方根本沒有看著你。這可能會讓你開始不安，有種不被關注或被忽視的感覺，甚至會因而覺得痛苦。當我們向別人表達自己時，似乎需要對方的「鏡射」，也就是對方的關注和回應。為什麼這件事對我們來說如此重要？

鏡射（Reflections）是形成自我意識、理解情緒以及與他人建立連結的基礎。我們的初次鏡射來自於面對面的接觸。人類具有聚焦臉孔的獨特天性，臉孔似乎從一出生就對我們有種自然的吸引力，有研究表明，嬰兒從出生就有尋找臉孔的傾向[3]。

例如，給才剛出生九分鐘的新生兒看一張普通的臉孔圖像，以及一張刻意弄得模糊的臉孔圖像，當研究人員順著新生兒的視線移動這兩張圖像時，新生兒目光跟隨普通臉孔的時間比跟隨特徵混亂的臉孔要長。

在剛出生的幾個小時內，新生兒就善於區分母親和陌生人的臉，他們盯著母親照片的時間會比看其他女人照片的時間還要長。而出生幾天後，新生兒就學會了區分不同情緒的臉部表情，如快樂、悲傷和驚訝。在接下來的幾個月裡，臉孔成為新生兒最喜歡的刺激物，因為他們能在識別熟悉臉孔的過程中獲得越來越多資訊。新生兒也會表現出與他人目光直接接觸的偏好，隨時間過去，他們對臉孔的反應繼續增強，所以到五個月大左右時，他們可以將特定情緒的圖像（例如悲傷的臉）與其相應的聲音（悲傷的聲音）相匹配。約五歲時，兒童識別和標記臉部表情的能力已接近大多數成年人的標準。

孩子們透過早期的互動來發展自我意識，透過照顧者模仿、鏡射孩子的動作及各種情緒反應，種種回應讓孩子們意識到自己是獨立的個體，兒童的行為會引起他人的反應。似乎我們需要一個自身之外的環境來建立自我識別，透過其他人將我們鏡射為個體，而鏡子也是如此。

鏡子已被證明是測試自我認知和社會意識的重要工具[4]，如果你能分辨出反射面上的圖像實際上就是你，那就代表你的自我意識已經形成。

孩子在出生後二十個月左右就能在鏡中認出自己，在此之前，他們會認為自己的倒影要麼是另一位可以一起玩耍的嬰兒，不然就是奇怪和可疑的東西。這種自我意識確立的科學評估是透過在孩子睡覺時偷偷在他們額頭上貼一個小記號或以口紅印做印記，而孩子完全不知道，也無法以觸覺發現這個標記，但當他們照鏡子就能看到。而如果孩子已經產生了自我意識，他們看到鏡子時就會伸手去摸，這個動作顯示出他們知道鏡中的人是自己。

身為成年人，我們很輕易就能認出自己的臉，而這對我們來說具有重要意義，因為自己的臉對於身分認同和自我意識非常重要。研究表明，我們辨別自己的臉孔（稱為「自我臉孔」）比其他人的臉孔更快速、準確[5]。這種自我臉孔優先效應即使與熟悉的臉孔（如家人和朋友）相比也依然成立，因此研究人員得出結論：這種效應的發生，不僅僅是因為我們對自己的臉非常熟悉，還因為它對個人來說是非常獨特的信息。

研究人員想了解這種特殊關係到底有多深，自我臉孔優勢是否在意識和潛意識層面都能得到體現，所以在一項研究中，研究人員用極快的速度向受試者展示了他們的自我臉孔，速度快到受試者的表面意識好像渾然不覺，但深層意識卻能感知到[6]。與他人的臉孔相比，我們更善於識別自己的臉孔，即使訊息是在潛意識下傳遞——也就是低於表意識的意識閾值。

研究人員進一步發現，看到自己的臉會釋放多巴胺這種讓人感覺良好的神經傳遞質（多過於看到他人的臉）。

因此，看著自己的臉是有益的，即使你自己並沒有意識到這一點。也許這就是為什麼許多練習鏡子冥想的人一旦克服了最初的自我批判，就會發掘出它所帶來的平靜感受。

試試看

1. 如果你正在與某人講電話而沒有任何視覺往來，請嘗試講電話時看著鏡子中的自己。與他人交談時看著自己的鏡像感覺是如何呢？

2. 想想你目前生活裡或人生中所認識的人，你覺得哪些人是眞的看著你，而哪些人卻沒有？請分別詳細描述被這些人看著和不被看著的感覺。

04

鏡像是適應環境的關鍵助力

你是否曾經在鏡子前跳舞，或是在面試或約會前用鏡子練習打招呼？我們好像天生就知道怎麼利用鏡像反饋來協助自己與他人及週遭環境進行調適，讓我們可以用視覺化的方式來調整自己，以便融入生活。這種鏡像反饋有助於讓我們適應變化萬千的社會環境，跟上社會的腳步。

鏡子在我們的知覺和使用身體的方式上扮演極為重要的角色，有個很好的例子，那就是鍛鍊身體時面對著鏡子：當在鏡子前鍛鍊時，過程如何、會產生什麼樣的效果，取決於你所關注的焦點，而不同的關注焦點往往會產生不同的效果。

我們來拆解一下人們可能在健身房或其他類似場所使用鏡子的常見方式：

首先，鏡子是確認身體狀態的絕佳工具，當然，這通常是鏡子出現在健身房的主要原因。在重量訓練和耐力運動中，保持正確的姿勢以避免受傷很重要，甚至在健身房之外，我們也經常使用鏡子來檢查身體姿勢是否端正。

你或許也有經過反光玻璃時餘光瞄到自己倒影的經驗，然後震驚地發現自己的姿態看起來如此扭曲歪斜、無精打采，而在看到自己的倒影前，你甚至對身體已經習慣保持這種歪七扭八的姿勢渾然不覺，這些姿勢和運動模式到頭來可能會成為傷害和慢性疼痛的根源——除非我們在鏡中看到並加以改變。

鏡子還可以讓人看清自己在空間中所處的位置和與他人的關係，而這個功能對於需要同臺共舞、協調彼此動作的舞者和演員來說很重要，在鏡子的協助下，人們可以更全面地了解自己在團體中的位置。

但是過度注重外表狀態和身體姿勢，反而會干擾本體感覺的發展，因為本體感覺是在不思考和不用肉眼觀察身體部位的情況下，用**自我感知**來確立身體部位相對位置的能力。

本體感覺是內在自然地去聚焦身體的移動狀態，而非關注外觀。研究表明，在體能活動中，外部聚焦（聚焦你的動作如何影響周圍環境）會比內部聚焦（聚焦特定身體部位或肌肉群如何動作）更能帶來好的表現。

例如，如果專注於籃框相對位置，而不去在意手腕如何運動，那麼罰球的結果可能會更好。在射箭中，若想要有較佳的表現，請專注於準心，而不是拉弓時二頭肌的感覺。外部聚焦允許熟練的動作在沒有太多意識的注意力下自然發生，這比試圖以腦力刻意控制複雜的動作更有效。

那麼照鏡子是內部聚焦還是外部聚焦？兩者皆是。

如同和一個與你搭配得天衣無縫的舞伴跳舞，你可以透過內部聚焦和外部聚焦之間的轉換來練習協調性，同時了解自己身體在空間中移動的方式和位置。

你可以使用鏡子為自己創造獨特的外部聚焦方式：從外面看著自己，或使用鏡子來反映你的呼吸狀態和肌肉張力來幫助自己培養內部聚焦能力，用鏡子檢查身體的使用狀態：是否有不正常緊繃的區域？

例如，你是否可以輕鬆地放下肩膀或放鬆下巴？試著在鏡子裡觀察自己的呼吸模式：是否只用上胸部呼吸、還是移動時會屏住呼吸？然後使用鏡子練習深層的腹式呼吸。

研究表明，緩慢而深沉的腹式呼吸可以提高注意力和當下意識[7]，深呼吸也是減輕焦慮和讓自己平靜最快的方法之一。所以未來在常去的鍛鍊空間中看到自己鏡中的倒影時，請放下把自己拿來跟超級明星運動員比較的衝動，相反的，請利用鏡中倒影來集中注意力，專注於確認姿勢的端正、保持身體協調和調整呼吸。

對幻肢（phantom limbs）的研究是鏡子如何幫助我們連結身體的另一個絕佳例證。幻肢是截肢後或缺失的肢體仍然存在身體上的感覺，大約百分之六十~八十的截肢者在截肢後會產生截掉的肢體還在痛的幻覺。

肢體鏡像療法可以幫助截肢和神經損傷的人再次感受到那些肢體似乎又回到他們的身體上。為了緩解截肢者的幻肢疼痛，維萊亞努爾・拉馬錢德蘭（V. S. Ramachandran）實驗發明了一種鏡盒，該裝置中間有兩面鏡子（兩面鏡子各朝向一邊），鏡子對著截肢者完好的腿，並讓患者在移動完整的腿的同時看著鏡中，而鏡中的鏡像看起來就像是完整的腿和截肢的腿都完好的在移動，在一些研究中，發現該技術確實可以減少幻肢的疼痛感[8]。

鏡子會讓受影響的肢體產生鏡射錯覺，誘使大腦以為截肢的肢體在運動，而且沒有任何疼痛產生，這效果是怎麼來的？那是因為我們除了視覺以外，還會藉由本體感覺來體驗自己的身體。本體感覺是身體自己所產生的運動和空間方向感知。而利用鏡子創造視覺上人體異常的實驗中也可以清楚看到，我們的大腦會尋求視覺和本體感覺之間的一致性，例如，使用鏡子讓右手的鏡像看起來是自己的左手，這通常會讓人產生混亂和方向迷失。這些引人入勝的研究表明，人們是多麼依賴鏡子的鏡射來衡量自身的經驗，照鏡子可能比你所能想像的更加有用。

試試看

坐在鏡子前，慢慢移動身體。稍微傾斜你的頭，將注意力從觀察頭部的傾斜轉移到感受頭部的移動。

繼續看著鏡子，慢慢抬起你的手臂，然後仔細感受手臂在移動的感覺：抬手時空氣是怎麼拂過你的手臂，或是感受一下衣袖在你皮膚留下的觸感。

嘗試將注意力從觀察身體的動作，轉換到感受身體的律動，並注意當你從這兩種不同的自我意識狀態來回轉換時所出現的想法和感受。

05

自我意識的兩個面向

鏡子能讓我們知道自己如何看待自己，這種自我覺察似乎是件好事，因為它可以讓你了解自己，確認自己的動機，然後做出更好的決定，但也可能導致你不斷對自己進行二次評估，細細檢視自己的思想和行為，讓人陷入痛苦的內在狀態。

鏡子可以提升自我覺察，但長時間審視自己，往往會喚起許多令人不舒服的狀態，為什麼會這樣？如何才能學會駕馭自我意識，使自我覺察為我們帶來充滿關愛的訊息，而不是無情地放大我們的每個缺陷和不足？以下就讓我們來了解自我意識的兩個面向，看看它們如何運作：

首先，內部或個人的自我意識是在自我認知的過程中產生的，在這個階段，我們從觀察者的角度看待自己的思想和狀態，經由觀察自己，進而產生內在自我認知。例如，你可能會注意到自己無法停止某個特定的想法，還有當你意識到自己把手機忘在餐廳時，可能會焦慮到感覺胃部有下墜感，又或是當暗戀的對象走進房間時，你可能會感到心跳加速。

其次，當我們意識到自己在他人面前的樣子時，就會產生外部或公眾的自我意識。在這個階段，我們是站在公眾觀察者的角度，也就是說，我們知道別人會看到自己，還很可能會在內心猜想他人眼中的自己是什麼狀態。

通常當一個人正處於外界的注意力焦點時，好比進行演說或與一群朋友交談時，外部自我意識就會出現。當意識到自己正在被關注，甚至被打量時，這種自我意識會促使人們按照社會規範行事，更傾向於以被社會認可和贊許的方式行事，而非跟隨內心的感受。

這兩種類型的自我意識對於保持自我觀感和駕馭複雜的社交互動都是必要的。好比說，在雞尾酒派對上與人談話時，你需要了解自己的想法和感受，才好評估要分享哪些內容，同時還得注意別人的眼光，以及他們對你所說的話有何反應，以隨時調整談話內容。

然而，不同自我認知焦點（內部或外部）的偏重，也會對人產生不同的效果和影響。

你是否傾向比較專注於內在自我認知，並且具有比較高度的內部（或私人）自我意識？如果你常把意識集中在內部，自己的感受和信念會變得更加清晰深刻，你可能會變得偏向於堅持自己的立場和想法，因為你總能敏銳地意識到自己的行為所帶來的感受。相對而言，你也可能給予消極的內在狀態過多關注，比如不愉快的感覺和身體狀態。這些消極的內在狀態可能會透過強烈的內部關注而被放大，導致更強烈的壓力和焦慮。

你是否傾向更專注於外部自我認知，並且具有更高度的外部（或公共）自我意識？如果你將注意力集中在外部，往往會太關注他人如何看待自己，並且經常擔心別人會用外表或行為來評斷你，因此，為了避免讓自己看起來可能很糟糕或出醜，你會更願意遵守社會或團體規範，但這可能會導致你不太願意冒險或嘗試新事物，以避免在公共場合中犯錯或顯得愚蠢。

過於關注外在自我認知，會導致過度評估而陷入焦慮，你會因為擔憂別人對自己的看法而產生極大的壓力和沮喪。太過習慣高度關注外部自我認知可能會導致慢性病，例如社交焦慮症。

大多數人都會時不時體驗到自我認知的過程，你有沒有在某些時候覺得人們在注視著你、評斷你的行為，好像等著看你接下來的發展？這種高度的自我意識會讓你在某些情況下感到尷尬和緊張，大多數時候，這種自我認知的不舒服感只會暫時在我們「待在聚光燈下」時出現。

而你如何擺脫自我認知下的不舒服狀態？首先，請明白，**你可以自行選擇要把注意力放**

在哪裡，然後有意識地轉移你的注意力。

如果你正身處於外部自我認知焦點的情境，請將注意力從自己身上轉移到他人身上。假設你正要進行演說，請將注意力集中在聽眾身上，與他們建立和諧的連結，不要專注於感受當下自己有多緊張或細細品味內在的感覺，試著把注意力集中在外部。

而若是與人交談，我們可以透過問對方感興趣的問題將注意力轉移到他人的身上，降低來自他人對自己關注的不自在，因為當我們感到焦慮時，往往會太專注於內，然而這只會使我們深陷焦慮，所以要記得將注意力在內外部之間靈活切換，不要一直抓著同一個自我意識焦點不放。

如果你正處於不舒服的個人自我意識狀態，陷入自我思維的循環，請將注意力轉而向外：找尋並欣賞周遭環境中美麗或能讓自己平靜的東西、和自己玩「重新看世界」的遊戲、專注於自己感官的感知：感受天鵝絨枕頭的質地、聞聞草香、聆聽鳥語、感受雙腳踩在地面的觸感以及空氣拂過臉頰的感覺。**處於不舒服的內在意識狀態時，會無法綜觀大局，此時請記得往外擴展注意力，這樣就能讓焦點從自己身上挪開，從自我審視中獲得喘息。**

試試看

人們害怕照鏡子的其中一個原因是它會激發自我審視，這是因爲人們沒有意識到自己擁有轉移注意力焦點的控制權。

當你照鏡子時，可以練習將自我關注焦點從內部轉移到外部，然後再轉移回來。

例如，在鏡中看著自己的臉時，若是將注意力一直放在外部認知，會導致用物化的角度審視自己，這時試著注視自己的臉，但是將注意力轉移去感受自己當下的感覺。

照鏡子時若過度專注於內在自我意識，可能會將不舒服的情緒放大，這時請將注意力向外轉移，轉換至觀察者的視角，好像你正看著一個朋友經歷不愉快的情緒，這可以喚醒內在的同情心。

訓練對自我意識焦點的敏銳度，並培養可以靈敏轉換意識焦點的能力，這有助於輕鬆駕馭各種情緒和複雜的社交場合。

關於如何調節情緒和與他人連結，將會在後面章節有更多著墨。

06 有覺知地面對自我

在沒經過任何指導、也沒有設定任何目標和具體意圖的狀況下，長時間坐在鏡子前注視著自己可能會是痛苦的經驗，因為在沒有具備正念（mindfulness）的觀念或指導下就加強對自我的覺察和關注，有可能會導致強迫反省、自戀或焦慮，形成一種不舒服且毫無同理心的自我意識狀態。

另外，有些自我療癒的方法會鼓勵人們面對鏡子裡的倒影說正向肯定句。自我療癒大師露易絲・賀（Louise Hay）在一九七零年代推廣了這項技術、虛構人物斯圖爾特・斯莫利（Stuart Smalley）在《週六夜現場》（*Saturday Night Live*）的喜劇短劇中對著鏡像說著肯定句。正如我們即將在第三部談到的，對著鏡子自言自語有其益處，但也可能是一種被操控的自我相處體驗，讓你無法了解自己真實的感受。

你有沒有在辛苦一天後期待見到朋友，想要一起出去玩，享受他們的陪伴，但他們卻不停地說話，告訴你：你有多棒，和你在一起有多開心？或是當你感到難過時，你的朋友卻一直滔滔不絕地說著你不應該難過的理由？當我們不斷地感受到來自某種方式的強迫時——即使是自己對自己這麼做，它也會變得很煩人。有時不停地對自己說肯定語，就像是對自己施行煤氣燈心理操控（gaslighting）一樣！稍後我們會深入討論煤氣燈效應。

本書中的鏡子冥想一開始是被用來當作一種靜默練習，可以讓你專注於面對當下的自己，並感受內在最赤裸裸的真實感受。鏡子冥想是基於正念冥想的三個核心主軸發展出來的：關注當下、開放的意識和對自己的善意。

「**活在當下**」意味著將注意力集中在此時此地，是一種有意識的自我覺知練習。因為我們的意識總是會在不同思緒中遊蕩，如果覺察到自己開始回想過去已發生的事或想像著未來，請讓自己的意識回到此時此刻鏡中的倒影上。

經驗老到的禪修者與新手的區別不在於能否控制思緒遊蕩，而是他們總能輕鬆快速地回到當下。所以**當發現自己的思緒在遊蕩時，請放下任何自我批判，也不需要去判斷什麼才是正確的，只要專注於隨時把意識拉回當下的自己身上就好**。

「開放的意識」是能夠接受自己當下浮現的任何思緒和感受。在進行冥想時，要敞開心扉去體驗一切。例如，當對著鏡子審視自己時，你可能本來預期會湧現對自己的不滿和批判，反倒感受到愉悅，反之亦然，或是你可能會在自己身上發現一些從未意識到的東西。請放下任何預期心態，不要預設立場，期盼「可能」或是「應該」要發生些什麼，如果你願意敞開心扉去接受而不加評判，將會在冥想中獲得許多驚喜的發現。

反社會者通常可以將注意力集中在當下，並對事情的可能性保持開放的意識，但他們獨獨缺乏慈悲心。**「對自己的善意」意味著以關懷和尊重的態度看待自己——隨時保持慈悲的意識，這點非常重要。**注視著自己可能會讓你憶起過去的故事、引發對自我外表的評判，這些都可能會引發強烈的情緒，所以要練習用友善的眼光看待自己，無論看著自己的過程產生什麼思緒和感覺，請記住要像對待摯友那般呵護著自己。對自我保持善意需要經常練習，而鏡子能在自我覺察的練習中扮演將自我批評和自我物化轉變為自我接納和自我同情的工具。

試試看

坐在鏡子前，練習上述正念冥想的三個主軸：看著鏡中自己的倒影並把注意力集中在當下、對過程中出現的任何感受和思緒保持開放和好奇心，並盡最大的努力用善意來回應自己。

觀察在這過程，你覺得最容易和最難的是什麼？爲什麼？

07 準備好嘗試鏡子冥想了嗎？

以下是如何開始鏡子冥想日常練習的五個基本步驟：

一、佈置空間和確定意圖

選擇一個光線充足且不會分心的空間，你可以坐在冥想墊上或是椅子上，讓雙腳著地，並在面前設置一面直立的鏡子，確保你可以不費力且不需傾斜身體就能看到自己的眼睛，同時設置計時器十分鐘。在此時間內，除了與自己相伴之外，別無其他目標與意圖。

二、調整你的呼吸

閉上眼睛，先感受自己的呼吸，你會屏住呼吸還是急促呼吸？然後開始調整你的呼吸，先做幾次緩慢而深沉的腹式呼吸，接著自然有規律地呼吸，在吸氣時觀察腹部、胸腔和鎖骨如何隨著呼吸律動，然後在呼氣時輕輕收縮你的鎖骨、胸腔和腹部，同時感受身體是否有任何部位是緊繃的，尤其是臉和肩膀，然後想像將呼吸傳遞到這些部位，鬆開緊繃，讓緊張感消失。

三、**開始凝視自己的眼睛**

請你睜開眼睛，當看到鏡中的自己時，請立刻注意呼吸是否發生變化，如果有，請讓自己恢復到穩定且和緩的呼吸。感受鏡中自己的眼神：是銳利的還是柔和的？如果發現自己因專注於外表的細節或缺陷而眼神變得僵硬或銳利，請將注意力放在呼吸上，直到覺得放鬆並能維持柔和的目光。

四、**觀察被自己批判的那個自我**

如果你發現自己正在挑剔和批判鏡中的自己，請注意看著你的眼睛，看你如何以這種嚴格，甚至可以說是嚴厲冷酷的方式看著自己，接著看看是否可以將正在扮演批判者的你的注意力，轉移到鏡中那受批判的人身上，去感受那個正在接受批判的人感覺是如何，因為那人才是真正的你。

五、**感知自己的關注焦點和感受**

凝視你的倒影，允許任何感覺或情緒出現，保持開放，不要加以判斷或解釋。讓你的感覺和想法隨著呼吸自然的來去，同時保持身體的放鬆、持續地凝視自己，請記得除了與當下的自己同在之外別無其他目的。

當發現自己的關注焦點變得侷限和嚴格，試著重新將意識擴大到整個自我，並注意自己臉上浮現的情緒。去感受自己注意力的擴張和收縮，以及浮現在腦海中的想法或圖像，不需要做任何評判，就只是跟隨並看著自己的關注焦點去哪裡及產生了什麼感受。

最重要的是，請善待自己。在練習時請對自己保持和善，你可能會驚訝於在這十分鐘內你對自己的看法會產生多大的變化。

也許你會發現這十分鐘的對鏡練習非常具有挑戰性，因為腦海中浮現的自我批判往往令人難以忍受，但請記得，並不是鏡子引發你的批判，而是你自己，鏡子只是集中和放大你對自己的關注焦點。

所有會發生於傳統閉眼冥想中的思緒流竄同樣也會發生在鏡子冥想中，進行鏡子冥想時，各種想法、故事、評判可能會不停地在你的意識中湧現，如同一般冥想一樣，這個過程可以提高覺知並讓你習慣於思緒的來來去去，但鏡子冥想最獨特的一點是：透過凝視自己的臉，可以親眼見到這些思緒是如何影響你。

如果你覺得進行十分鐘的鏡子冥想太有挑戰性，可以試著從三分鐘開始嘗試，然後慢慢延長到可以維持十分鐘。或者你也可以長時間一直看著鏡中的自己，但過程中可以把目光移開或閉上眼睛休息一下，再恢復凝視。

08

與抵抗為友

若覺得一直盯著自己會讓你不太舒服，分散注意力是避免這種不適的常用方法，我發現人們似乎都自有一套可以遠離當下，趨近內心想望的方法，而能以同情心看待自己的逃避模式，是改變的第一步。

你可能會在鏡子冥想中拒絕與自己同在。以下是一些對抗和處理不願面對自己的常見方法：

如果發現自己開始精神恍惚，請試著動動腳趾，並讓雙腳用力，像是要沉入地面一般。有些人在做鏡子冥想時甚至還會產生幻覺。事實上，有些祕傳修煉法會使用鏡子練習進入超意識狀態，研究知覺的心理學家認為這種現像是一種自然發生的視錯覺，稱為特克斯勒消逝效應（the Troxler effect）。在任何情況下，我都鼓勵你不要中斷練習——請繼續和自己待在一起。

如果發現自己有想對著鏡子裡的倒影擠眉弄眼或娛樂「對方」的衝動，這可以讓你覺察自己的社交習性，但覺察的同時，請記得要帶著同理心看待自己。

也許在社交上你總是習慣於得做點什麼來讓自己或他人覺得舒服，這種習慣可能來自童年或社會期望的制約。

無論如何，試著放下這些衝動吧！只是看著自己，什麼都不做，並對於即將發生的事保持敞開，只要放下必須如何感覺和看待自己的控制，反而能更深入感知自我的感受。請放下想操縱體驗或想改變心情的衝動，什麼也不做，單純去感受和自己在一起是什麼感覺。

如果你眼睛看著自己，卻搜尋著人事物與自己做比較，你可能是習慣要證明自己是對的，或是什麼都想贏過別人。如果你希望與某種卓越的標準進行比較，來證明自己進行鏡子冥想的方式是對的、是值得的，甚至優於他人，可能要讓你失望的是，進行鏡子冥想的方式並沒有對與錯，更沒有更好或更壞的標準可以比較。無需將自己與他人進行比較，因為這當中沒有任何績效標準可以衡量，因此這是一個可以讓你擺脫比較習慣的絕佳機會，喘口氣吧，別那麼愛比較，做自己就好。

如果你感到似乎有什麼消失的空虛感，會產生想找出該事物的衝動，而消失的非常有可能是你自己，因為你總是習慣採取第三人稱視角去想像自己在別人眼中的樣子，而只是與自己相伴，不去想像他人眼中的自己時，就會覺得好像少了些什麼。試著放下用某些事物來填補這種空虛感的衝動，盡可能地留在自己身邊，什麼也不做，就只是和自己同在，我可以保證，你會在這過程中收穫許多。請善待自己，保持耐心，並堅持下去。

每次做鏡子冥想時，你的體驗可能都會有些不同，因此我鼓勵你持續不斷、有耐心地陪伴自己，因為每個當下都可能會有重新看待自己的方式出現，就像與摯愛的朋友共度時光一樣。

第二部

美麗讓人分心

09

自我虐待三重奏

「我看不下去了！」
「真受不了這些魚尾紋。」
「我已經不再年輕了。」
「看看這個牙齒上的縫隙，真醜！」
「我無法忽視這個大痘痘。」
「我的一隻眼睛比另一隻大。」
「沒想到我的耳朵有這麼大。」

當人們知道我在教鏡子冥想時，他們經常會說：「我討厭照鏡子！」接著開始批評起自己的外表，這些批評通常會落在三個主要主題範圍內，我稱作「自我虐待三重奏」，包括「我太胖了、我太老了、我太醜了」。這三部曲圍繞在這些主題上，有無限的組合和變化，但都有一個共同點：都是非常殘忍的看待自己的方式。研究發現，有八成以上的人對自己的外表不滿意[9]。照鏡子可能會提醒我們自己的不完美之處。

本段落中，我們將探討為什麼人們經常以自我批評的態度來照鏡子，以及為什麼當我們開始照鏡子時容易物化自己。然後，你會學習到一些使用鏡子冥想來處理自我觀感的方法，學會釋放自我批評，擺脫對外表的關注，放鬆並更深入地看待自己。

我們有一種內建的消極偏好，即傾向把更多關注擺在消極面而非積極面，因此負面特徵往往比正面特質更顯眼，更有情緒上的影響力。對於負面事物，我們往往會用明確且精細的詞彙形容，例如：「我鼻子上有一個小紅疙瘩」，但是當注意力轉移到自己的正向特徵上時，你可能會傾向用較為籠統的詞彙，比如：「我的頭髮看起來不錯。」

消極信息是一塊會吸引注意力的磁鐵，例如在印象形成的相關實驗中，把正面和負面信息的數量控制在均等的條件下，實驗結果發現人們會花更多時間查看負面信息[10]，研究參與者在查看負面信息時，眨眼次數會增加，而眨眼率表明他們的意識正在產生更多認知活動，除此之外，瞳孔直徑、心率和外周動脈張力也同時顯著增加，這些體徵數據都表明人們對負面信息比正面信息來的更加關注和警覺。

除了以上的眨眼研究外，還有大量臨床證據證明了這種注意力偏差，壞消息往往更熱賣，似乎就是「越灑狗血，越有流量」，而大部分成功且引人入勝的小說和電影都富含描寫動盪和負面事件的內容。在實驗室和現實世界中，都有明確的證據表明，負面信息通常比正面信息更能吸引我們的注意力，這又是為什麼？

因為我們的大腦天生就傾向於尋找問題，而知覺和認知以這種方式起作用的原因是能將更多的注意力和資源投入到潛在問題上，因為它們可能預示著威脅和可能的危險。因此當我們看東西時，只要沒有明確的意圖需要去保持中立或注意正向的事物，我們就會自動開始掃描問題、缺陷和需要修復的事物，即使觀看的對象是自己也不例外。

基於人類進化和社會化的雙重影響，我們對鏡中自我倒影的批評通常涉及三個主題：老、胖、醜。人們越來越重視青春、苗條和美麗，進化心理學家表示，這些品質是衡量生殖適應度的標誌，它影響我們對完美的偏好和標準。過度關注外表的瑕疵卻忽略了我們對自己的嚴厲批判，內在的痛苦將永無止盡，但我們已經習慣將自己與媒體上經常看到的年輕、纖瘦、美麗的人物形象進行比較，要抵抗這種慣性會是很大的挑戰。

10

自我物化

當被問及在鏡子裡看到了什麼，許多人會開始唸一份身體部位的清單：「我的頭髮、我的鼻子、我的眉毛」等等。鏡子是欣賞、審視和批評我們外表的工具；鏡子也是讓我們知道自己在他人眼裡看起來如何的工具；此外，鏡子也能讓我們看起來盡可能得體和有魅力，這非常令人著迷且充滿誘惑，因為具有魅力似乎也能吸引許多好處：賺更多的錢、吸引理想的合作夥伴、以及容易被視為討人喜歡和聰明的人。我們將美麗與成功和一切美好事物聯想在一起，美麗的人物形象也無處不在，提醒著我們這個社會對外貌的重視。

然而過於熱切地追求自我外表認同是有風險的，可能會導致我們痴迷於監控自己，用外部觀察者的角度不停掃視並檢查身體外觀。將注意力集中在檢視自己的外表上，就會很容易忘記當下真實生活中的感受。有沒有注意到，當你照鏡子打扮時，可能會感到與自己疏遠或脫節，彷彿看著自己，卻沒有真正「看進去」。

看著自己卻揣摩著自己在他人眼裡看起來如何，該行為稱為「自我物化」，我們將自己視為一個圖像、一個物體，而不是一個擁有複雜情感的人。媒體中充斥的完美數位圖像鼓勵並強化了自我物化，我們從無處不在的圖像中試圖理解社會認為什麼是美的、什麼不是，持續接觸這些理想化的圖像，會讓我們物化自己的身體外觀，並與這些虛幻的標準進行比較。

與男性相比，女性更容易自我物化，因為社會上有更多的資訊和線索向女性傳達她們的外表是被觀察和評估的主要基準。調查發現，每十位女性中至少有八位對鏡中的自己不滿意[11]。這並不奇怪，因為在媒體中被修飾到完美的女性形象創造了幾乎不可能達到的美麗標準，要纖細、年輕、性感，但不能太火辣，要達到這些標準的壓力幾乎已經涵蓋了女性生活的所有層面。所以當我們照鏡子時，常常看到的是一個需要修整的外觀形象，而不是一個飽受自我批判的真實人物，因此，在這個狀況下是無法注意到自身感受的。

青少女的自我物化程度是最高的，但就像女性所經歷來自社會對外表的壓力一樣，會隨著年齡的增長而降低[12]。青春期早期的女孩容易處於情緒敏感和低自尊，因此自我物化狀況相對容易產生，若過度接觸媒體所塑造的理想化形象，則更會提高自我物化的機率，同時還會增加焦慮、情緒低落和身體不適。

在一項實驗中，心理學家使用手機應用程式在每天不固定的時間聯繫參與者，讓她們報告自己的經歷和感受[13]。研究發現，大部分的女性每天在各種情況下都有可能經歷觸發她們自我物化的各式事件，而當下的活力與正向感受的降低，表明了這些經歷對女性生活的幸福感產生明顯的負面影響。

若是從他人的角度來看自己，我們就無法專注在當下，因為自我物化會降低心流的頻率和認知能力，所以如果想讓一個女孩的數學分數降低，那就在她旁邊放上一堆時尚雜誌，讓她穿著泳衣答題吧。自我物化還會增加對身體的羞恥感、神經質、負面情緒、憂鬱症狀，導致對自己身體和情緒的感知力減弱[14]。

研究人員使用鏡子作為引發自我物化的有效方式[15]。在經典的泳裝／毛衣範例（paradigm）中，參與者被隨機分配在全身鏡前試穿泳衣或毛衣，而正如你可能會猜到的那樣，泳衣組的人比穿毛衣的人經歷了更多的自我物化，無論是女性還是穿上 Speedo 泳衣的男性，皆是如此。

當照鏡子時，我們若開始將自己視為「事物」，而不是活生生的人，這種自我物化會降低我們對身體的感知和對情緒的覺察。許多女性會習慣性將鏡中的自己與媒體中理想化的形象進行比較，這加劇了羞恥感和焦慮感。對自己施加太多的批判性關注，等同於推自己入苦海。

自我物化會消耗大量的情感和認知資源，把時間和注意力花在外表上，我們對其他問題的關注就會相對減少，自我物化也因此以令人意想不到的方式影響著社會和政治，例如一個名為「物品無法表達反對」（Objects Don't Object）的研究項目發現，自我物化會阻礙公民行動[16]。

在該研究的問卷調查中顯示，較重視自己外表而非能力的女性，比較可能滿足於現狀，不太願意採取能促進婦女權利的行動。另一項實驗要求女性參與者回憶她們所經歷過的「男性凝視」的實驗，讓參與者感到自己被性對象化，進而誘發她們進入自我物化的狀態，在這樣的狀態下，這些女性有較高的可能性不支持女權議題，甚至可能還會認為這些議題本該如此，不需改變。

這些研究共同表明，文化上對女性外表的重視以及經常受到男性的性注視，會降低女性支持自己權益平等的可能性。

11 極端自我物化背後的神經科學

日常使用鏡子修飾外表時，自我物化幾乎會隨之產生，它使我們的注意力無法專注於當下、麻木我們的真實情緒、扭曲自我認知。想了解它的影響力，可以來看一下「軀體變形障礙」這種病理性自我物化的案例。多數人都具有不同程度的自我物化，其中大部分的人也多少會想改變自己外表的某些部分，但百分之二的人口都患有軀體變形障礙[17]，這是一種精神健康障礙，其特徵是長時間痴迷於自己身體的一個或多個部位，導致嚴重的痛苦，同時影響他們的日常生活。

對於那些患有軀體變形障礙的人來說，他們的身體缺陷（無論是真實的還是想像的）主宰著他們的生活，在照鏡子時總是得抵抗極度不安帶來的痛苦。但實際上他們所關注的身體缺陷在旁人眼裡幾乎看不見，甚至可能根本就不存在。

以下是如何區別軀體變形障礙患者與在合理範圍內對外表不滿的人的主要特徵：首先，他們會一直專注於身體的特定部位，常見的有：頭髮、皮膚、鼻子、胸部或腹部等等，他們注意力可以在身體特定部位停留數小時甚至數天，但他們所堅信的缺陷可能只是非常輕微的，甚至完全不可見，通常也不太會被其他人注意到。對身體部位的全神貫注干擾了他們的日常生活，因為他們除了眼中的不完美之外無法專注於任何事情。

其次，軀體變形障礙患者會出現社交焦慮，因為害怕別人看到他們的缺點然後被嘲笑或拒絕，所以會想盡量避免需要社交的場合。

最後，軀體變形障礙患者會表現出強迫性或重複性行為，例如過度修飾外表、試圖用化妝品掩蓋瑕疵、甚至尋求用手術來改變這些瑕疵或身體部位，但這些手段充其量只能提供暫時的緩解。

事實證明軀體變形障礙患者有一些視覺處理困難的狀況，所以不僅是他們腦中認為自己有這個缺陷，連照鏡子時也會以一種扭曲的方式看待自己。腦成像研究發現他們的臉部處理模式被破壞，包括臉部識別和情緒處理異常[18]。也就是說他們似乎在所謂的全域處理（global processing）和區域處理（local processing）之間存在不平衡。我們有兩種知覺組成，有助於認知和識別外部刺激。區域處理涉及單個特徵或元素的刺激識別，而全域處理涉及特徵之間的關係和整體形式的處理。腦成像研究顯示了軀體變形障礙最常見特徵之一：與整體（全域）圖像相比，傾向於關注其外觀的特定細節（區域）。

軀體變形障礙患者參與實驗時，在看自己的臉部通常會出現異常的大腦活動模式，顯示他們專注於臉上的微小細節，無法真正看到整個臉部。

這種對細節的極度關注使患有軀體變形障礙的人難以識別臉部的情緒表達，當被要求根據臉部表情的情緒表達進行分類時，他們的反應時間較慢，準確率也較低。具體來說，他們有一種**識別偏見**，在這種偏見中，他們更難以辨別負面的臉部情緒表達，例如憤怒、恐懼或悲傷，而且他們經常將中性的臉部表情解讀為輕蔑或厭惡，這可能與他們害怕被人批評和拒絕有關。

許多軀體變形障礙患者擔心會因為自己的身體缺陷而受到批評，如果同時還患有大多數軀體變形障礙患者會有的社交焦慮症，這種情況還會加劇。軀體變形障礙患者對被拒絕的恐懼似乎實際上扭曲了他們對臉部表情的感知，間接削弱在社交互動中閱讀情感線索的能力。

一項眼動追踪研究著眼於軀體變形障礙患者在對臉部表情的情緒進行分類時的視覺掃描路徑[19]。這項研究發現，他們的眨眼次數比一般人更多，對顯著的臉部表情特徵（例如眼睛、鼻子、嘴巴）的關注較少、較低的長時間注視和較高的跳視幅度（表明他們的眼睛顫動更頻繁）。軀體變形障礙患者通常有兩種視覺掃描路徑模式：「檢查者」，這種模式會花很長的時間查看他們關心的特定臉部特徵，以及「迴避者」，他們會盯著臉部的非顯著特徵，例如頭髮或下巴。

軀體變形障礙患者照鏡子時很難識別自己的情緒，還會透過專注在自己認為的缺陷來避免被焦慮和負面情緒所淹沒，這種扭曲的知覺可作為一種防禦措施，防止他們感受到自己的脆弱和焦慮所引發的情緒。

心理學家試圖藉由鏡像曝光（mirror-exposure）和視覺訓練技術來改變軀體變形障礙患者對自己的看法。在這些研究中，參與者在受到控制的鏡像曝光次數中被引導轉移視覺的專注焦點[20]。這些干預措施有效的讓軀體變形障礙患者在鏡像曝光治療後症狀減輕，不再專注於自己感知到的缺陷，也不再對自己的樣貌產生極端的負面反應。

心理學家認為，軀體變形障礙通常是經由長時間注視鏡子的習慣發展而來的，人們使用鏡子嚴格的觀察自己感知到的外表缺陷，以至於隨著時間的推移他們的感知會永久的扭曲。所以這有點像先有雞還是先有蛋的難題：鏡子是創造者還是僅僅是反射器？鏡子會造成對身體外觀的不滿和扭曲，還是僅僅反映（也可能加劇）已經存在的身體樣貌問題？

鏡子增加了自我關注，而自我關注往往會激發負面偏誤（negativity bias），導致我們檢

12

自我審視的蛻變

我們經常在自我批評中感到孤獨，社交焦慮的根本原因就是害怕批評。

我們往往是自己最大的敵人，一位記者曾經問我：「對身體感到羞愧，最好的修正方式是什麼？」我回答：「不要因為覺得自己丟人而羞辱自己。」

自我批評很正常，我們每個人都會如此，而且適度的自我批評可以幫助我們進步，但必須是以正確的眼光來看待自己。

我之前有一個在TEDx上分享鏡子冥想研究成果的夢幻機會。我發自內心地相信這些是非常值得傳播的觀念，但當我在影片中看到自己時，我退縮了，因為覺得自己看起來……又老、又胖、又醜！我瞬間有種恨不得挖個地洞躲起來的衝動。在經過激烈的自我嘲諷後，我又更加羞愧，我可是宣揚自我同理和自我接納的「鏡子女士」，竟然也有因為外貌畏縮恐慌的時候，再怎麼樣我也該以身作則吧？然而，到頭來我意識到，單純因為自己看上去不完美而試著隱藏這個演說，才是更加自私自利，我應該要分享這些成果，而不是太擔心自己看起來如何。雖然這段心路歷程看似沒什麼，實際上卻對我產生極大的療癒效果。

生活中持續進步並實現目標的關鍵在於用善意和明晰的態度進行自我批評，而非本身完美與否。重要的不是你看起來有多完美，而是你個人所呈現出的質感。我們每個人都有自己覺得不完美的地方，與我共事過的每個人，無論是年輕、容光煥發的超模，還是長相平平的中年人，大家都能在自己的外貌上找到瑕疵，甚至許多人都能說出關於外貌如何影響自己命運的故事。

人們的自我批評性質可能各有不同，但無論如何，鏡子總能揭示出自我批評對我們的影響有多大。鏡子反映了我們思想不受控的程度，以及思想會自動尋找問題，鏡子可以擴大這些過程，但也可以用來提高我們的意識並減慢這個過程，讓我們可以清晰地看到它。

剛開始對鏡冥想會突顯自我批判，但只要能試著提高覺知，就會發現這些是可以放下的。放下並非避開不看或假裝它不存在，而是清楚地去**看見**並**改變觀點**，你將能更加清晰的意識到鏡子（或超級名模的照片）這樣的外部刺激如何引發自我批評，然後就可以更好地控制被自我批評引發的情緒以及思緒流向。

鏡子提供了控制注意力的絕佳機會，以明確的意圖使用鏡子是讓我們超越外貌並找到內心那位批判者的關鍵。

對鏡冥想的練習會幫助你清晰意識到自己是如何藉由自我批評和自物化來忽視自己，到頭來你可能會驚訝於自己竟花了這麼多時間和注意力在外表上。

長時間觀察自己，就等於創造了一個包容性的探索空間來了解你是如何看待（或根本看不到）自己，這可以讓你放慢自我物化的過程，找出自我批評的誘因，並且深入了解你對自己的看法，而這些看法又會對你造成何等影響。

這是一個以開放的意識和善良的意圖將注意力集中在自己身上的機會，請放下批判，如實地看待自己。

13 模特兒如何看待自己

即使自己的外表在他人眼中看起來已經很完美，許多人還是覺得自己根本不及格。

身為一名成功的模特兒，克萊兒對自己的外貌感到自豪，總是花大錢買最新的化妝品和美髮產品打理自己，讓外表看起來光彩照人。然而，每當經過鏡子時，好像總會有些瑕疵引起她的注意：她那有光澤的嘴唇令人厭惡地翹起，這令她呆住了、痛苦於她所看到的，並且開始從各個角度審視自己的臉和身體。被朋友稱為「超模」的她，在其他人眼裡是個亮眼的美麗女人，然而儘管得到如此多來自他人的稱讚和關注，也為自己的外表投入大量時間和精力，但她從未滿意過自己的外表。

當我們一起工作時，我建議她採取不同的方式來看待鏡中的自己。我告訴她開放意識的**正念原則**，也就是可能還有其他看待自己的方式，同時去發現自己未知的一面，所以當看著鏡子裡的自己時，請對任何可能性持開放態度，因此當她看著自己倒影時，她得練習單純去覺察自身的念頭，而不試圖解決任何問題。但要做到這一點並不容易，幾秒鐘之內，她又列出了一個外表瑕疵的清單：鼻子上長了一個小疙瘩、頭髮不夠柔順整齊……一個接一個。我建議她站在觀察者的角度，看著自己批評鏡子裡的自己，去感受一下看到一個人被如此貶低是什麼感覺？

視角的轉變催生了新的理解。焦點的轉移讓克萊兒意識到自我批判造成的影響有多大，她的注意力本來在自己的缺陷上，後來轉而看見自己成為受到嚴厲批判的人，當下，她發現到一直以來她對自己是多麼不友善。

鏡子幫助她從自己的臉上看到，痛苦是她自己創造出來的，而自己可以隨時改變觀點，而經過反覆的鏡子冥想練習，她打破了以批判眼光看待自己這根深蒂固的習慣。

鏡子提供了一個將腦海中所發生的事情具象化的管道，讓我們能用不同的視角看看自己的想法如何影響我們。對克萊兒來說，鏡子冥想並不是對著自己說：「我很漂亮！」這種肯定句來推翻慣性的自我批評，相反的，這種方法讓她意識到她對自己有多麼殘酷。當第一次意識到自我批判對她產生的巨大影響時，克萊兒感到很難過，這促使她開始選擇更善待自己，而對自己的嶄新態度也讓克萊兒對他人更加友善，同時因為專注於外表的時間和精力減少了很多，她也有更多時間去追求生命中重要且真心渴望的事物。

照鏡子時，你能把自己看作是正在接受批評的承受者，而非你該批評的對象嗎？

14 看待自己的老化

身為一名五十多歲的治療師，安對擔任照顧者和支持者的角色感到很自在，她是個非常謙虛的人，有時甚至自謙到有點過頭了。自拍和照鏡子不會是她有興趣的事，但她對鏡子冥想這個點子很感興趣，認為這對她的客戶應該會很有幫助，所以我同意指導她這項技術。

但在她取消了幾次會面後，我與她改約喝咖啡，聊聊看她發生了什麼事。她承認：「我很怕看自己。」隨著年齡增長，安盡可能地避開鏡子，因為她不想看到自己的容貌與年輕時相比的變化、不想看到自己的皺紋、灰白的頭髮和多餘的贅肉，她每次都只能粗略地瞥了一眼浴室的鏡子，但即使只有一眼，也讓她充滿了絕望。

待在鏡子前冥想遠遠超出了她的舒適區，她想安於現狀，所以認為鏡子冥想不適合她。但我感覺到她的這些拒絕背後似乎隱藏了些什麼，同時注意到安擅長轉移他人對她的讚美，似乎盡一切可能避免被人關注。

當我詢問安這些時，安承認隨著年齡的增長，她開始感到自己是隱形的。年輕的時候，她一走進任何場合就會立刻吸引人群的目光，而現在，無論在專業還是社交場合，她的存在都經常遭到忽視。她對這樣的事實感到既悲傷，卻也鬆了一口氣，慢慢地也就接受了。

她無奈地意識到，她現在已經到了得退居幕後支持他人的人生階段。我建議她欣賞鏡子裡的自己，她需要看到自己一生中所經歷的一切並認可自己。我對安解釋，人都有欣賞和崇拜他人的基本需求，如果只有滿足理想外貌標準或自我中心的人值得被欣賞和崇拜，那麼就會創造失衡的社會標準，所以安如果能接受客戶的關注、愛和敬佩，實際上是在幫助他們關注真正美好的事物。

開始練習鏡子冥想後，安看到過度謙遜的態度反而阻礙了她出色的工作，這練習同時也幫助她更舒服地被他人關注和接受稱讚。現在她不再迴避讓自己的專業被看到和稱讚，開始享受給予和接受的雙向力量，這來自於她能看到他人的同時也能允許自己被他人看到，她不再迴避認識新朋友或加入新的群體。

安也開始意識到，她的存在對於關注她的人來說具有重要的意義，這讓她的治療服務提升到一個新的境界，結合多年面對面心理治療的經驗，她成為了一個更細心的傾聽者，加上她有很多智慧可以與他人分享，光是她的存在與智慧就對許多人的生活做出重大貢獻。

四十五歲以後，大多數女性開始越來越少照鏡子[21]，而且當中許多人覺得自己在社會中越來越隱形。但鏡子對年紀漸長的我們反而可能是很有價值的工具，因為它可以協助探索，我們面對逐漸老化的身體會有什麼複雜的想法。透過鏡子冥想，我們能對他人及自我如何看待年老的自己擁有清晰的洞察。

15

善用鏡子冥想接納自己的外表

與其照鏡子時批評自己的倒影，不如在看著自己的時候練習將覺知集中在自己的身體上。試試以下的三步鏡子冥想引導提示，讓你的感覺集中在自己的身體上、使皮膚感到舒適，並接受你的外表。

一、調整身體的感覺

將空間布置成可以舒適冥想的狀態，接著坐在立鏡前的椅子上，做幾次深呼吸，讓注意力以自己為核心，輕輕地閉上眼睛，開始將注意力集中在身體上，尤其是皮膚表面，專注在身體與任何物體表面接觸的地方（例如大腿靠在椅子上，腳掌在壓地板上），感受與物體表面接觸的身體部位與沒有接觸的身體部位的壓力差異。

感受衣服質地在皮膚上的感覺。然後感受物體表面的接觸、衣服的質地及裸露在外的肌膚的身體感覺各有何不同？

感受空氣拂過裸露的肌膚，注意你所感受到的溫度：你的皮膚比空氣冷還是暖？身體不同部位的肌膚感受是溫暖還是涼爽？

覺得自己已經完全與肌膚表面的感覺同步之後，請繼續下一步。

二、藉由身體覺知練習漸進式放鬆

將注意力轉移到自己的呼吸上，然後從腳底、腳趾和腳跟開始放鬆身體的各個部位。接著放鬆你的腳踝、膝蓋和大腿，想像緊張感從腳底流出。當放鬆身體時請注意你的呼吸，用呼吸創造更多的空間和放鬆，而不是屏住呼吸試圖讓你的身體做事。

放鬆你的臀部、下背部和腹部，感覺腹部在吸氣時輕輕擴張，在呼氣時輕輕收縮。感受當你吸氣時，骨盆會自然地向後傾斜一點，而當你呼氣時，骨盆會自然地向前傾斜一點，讓呼吸帶領著你。而如果你開始感到有點昏昏欲睡，可以擺動一下腳趾同時去感覺腳掌著地的觸感。

放鬆你的肋骨和中背部。注意身體的這個區域是如何隨著你的呼吸輕輕地擴張和收縮。放鬆前胸部和上背部，然後放鬆肩膀和上臂。注意你的手臂和手是否是緊握的，像是手裡正拿著東西，不管它是真實的還是想像的。看看是否能藉由放鬆你的前臂、手腕、手和手指來釋放它。讓你的手臂完全安放在你的大腿上，想像緊張感從指尖滴落消失。

將注意力移到後頸部，放鬆頭骨下方的肌肉。接著透過輕輕分開（或鬆開）牙齒來放鬆喉嚨前部並放鬆下巴。注意下巴的緊繃有可能與你的肩膀、手臂或手的狀態有關。

讓你臉上的所有的肌肉都放鬆，感覺臉部完全鬆弛而變得面無表情。放鬆下巴、嘴唇和舌頭，放鬆臉頰和眼睛後面的肌肉。放鬆眉毛、前額和頭皮之間的肌肉。

現在請將注意力回到呼吸上，當你吸氣時，注意身體有沒有任何殘餘的緊繃感，若有，請在呼氣時讓它隨之消失。

三、練習全然接納的凝視

當完成上面兩個步驟進入自然放鬆的呼吸時，請輕輕睜開眼睛，以柔和的目光看著自己的倒影。感受看到自己時呼吸和肌肉發生的任何變化，帶有同理心的覺察這些反應，無需自我評判，只需持續地保持放鬆和呼吸。記住，除了直視自己並與自己同在之外，你別無他法。

去覺察你凝視自己的眼神，是嚴厲還是柔和的？你是否用眼睛來審視和檢查自己的外表？試著用目光來接納自己，讓自己的影像輕柔地納入眼底，盡可能長時間待在這柔和的凝視中，同時隨時關照自己的呼吸，保持和緩的呼吸。如果注意到自己變嚴厲了，開始專注於外表的一個細節或缺陷，請將注意力跟呼吸同步，直到你感覺自己再次變柔和。

這個練習是與自己同在的承諾，單純的去覺察自我並放下對外表的批評，用友善的眼光看待自己才能接納真實的自我。

試試看

練習1 你會用什麼詞語來描述鏡中自己的倒影？形容外貌特徵和個性。當凝視自己的倒影時，對著自己大聲的把這些都說出來，當下感覺如何？你有覺察到自己的意識有什麼變化嗎？

練習2 找出哪些媒體圖像會觸發你的自我批評和自我物化，然後限制自己接觸這類圖像一陣子，看看會發生什麼事。

練習3 列出哪些外觀特點是你害怕被他人看到的，並依照讓你不舒服的程度從最高排到最低。

害怕被別人看成是胖、老或醜的嗎？害怕被看到素顏、沒刮鬍子或髮型不自然？哪個感覺更糟？你真的願意以這些方式看待自己？

練習4

有個常見問題：當進行鏡像冥想時，若是說一些正向的肯定句會如何？例如：「我很漂亮」、如果覺得自己老了、胖了或醜了，對自己的倒影微笑並說：「我年輕又瘦又漂亮！」一遍又一遍，這過程肯定會填滿十分鐘的鏡子冥想時間，並且有助於避免自我批評的不適。

但是，我鼓勵你在進行鏡子冥想的當下保持一切眞實，不需要讓自己覺得照鏡子時必須保持積極樂觀或是看起來很完美。忽視自己的眞實感受反而會產生阻力，與其用積極的正向肯定句來逃避不適，不如多練習與自己待在一起，單純的去觀察而不是試圖改變或讓任何事情發生，反而可能會有更多令你驚訝的發現。

第三部

看見並有意識的選擇自我對話的內容

16 自我對話的強大

想像一下，如果在街上看到一個人正在邊走邊自言自語，大部分人應該都會想避開這個人。跟自己說話有時會被認定是怪人或精神不穩定的徵兆，然而事實卻是：我們每個人都會自言自語。

你有沒有被朋友或家人發現你在自言自語然後覺得難為情的經驗？我們需要認清的一點是，每個人都會不斷進行內在對話，大多數情況下，這種內在對話只會發生在腦海中，但偶爾可能會不小心脫口而出變成自言自語。

自言自語對我們的身體、情緒和心理健康有著巨大的影響，卻常常被忽視或低估。對著鏡子大聲說出內在的自言自語以探索自己的自我對話模式也是鏡子冥想常見的應用。

在本章節中，我們將探討各種形式的自我對話，並利用鏡子和影片進行一些與自己影像的練習，協助了解自己的自言自語模式，馴服那個批評自己的聲音，並培養正向鼓舞的自我對話模式。

在鏡中或影片中觀察自己的自言自語，可以讓內在對話外顯，讓我們便於從不同的角度看待它。也許你會覺得看著自己自言自語似乎有點奇怪，進行這樣的練習也可能會讓你有點擔心，這可能是因為對大多數人來說，自言自語似乎總是對自己的錯誤和不完之處的批評、批判和責備，但有了鏡子的陪伴，你可以直面內心的批評者，甚至是批評者「群」，因為許多人內在的批評聲音不只有一個。

你也可以開始製作自我對話的影片，僅供自己觀看，不需給他人過目。為什麼需要用錄製影片的方式？因為這是一種強大的表達方式，就像是在日記裡生動地寫下自己的想法和感受，而生動的寫作或日記能照亮我們內心的思想、感受和情感，也已經有研究表明這具有許多健康益處。我們將在後續探討如何使用影片日記，還有在談論事物時看著自己的額外好處。

如果想要暫停內在對話並把內容記錄下來，請使用自我反映的方式（無論用鏡子還是影片），你將可以從更寬廣、更有智慧的角度來欣賞自己內在豐富的話語，並且你將能夠更好的控制腦中的「管理委員會」。

17 自我對話的好處

自我對話的好處很多，在本段落中，你將了解到使用這項技巧的益處。現在讓我們一起來看看一些關於用內在的聲音支持自己，而非阻礙自己的研究。

自我對話可以提高認知能力。研究顯示自我對話可以幫助大腦運作得更好。在一個讓參與者先閱讀說明然後執行任務的認知表現測量實驗中[22]，有部分參與者是默讀他們的說明書，另一些則是大聲朗讀出來，統計結果顯示，大聲朗讀有助於保持參與者的注意力並提高表現。

在另一項研究中，參與者得完成一項需要以視覺掃描來尋找目標的搜索任務[23]，實驗結果發現，參與者若在搜索過程中跟自己對話，將會更快找到目標，這顯示了自我對話甚至可以增強視覺處理。所以如果你對組裝家具的說明書有理解上的困難，可以嘗試大聲閱讀；如果找不到某些東西，請在尋找的同時嘗試與自己對話。

心理學家發現，蹣跚學步的兒童會開始自言自語，這與他們正在學習新的運動技能有關，比如伸手去拿物體和學走路，還有學會像是繫鞋帶這種更複雜的任務[24]。有些心理學家甚至認為，會自言自於來集中心智，是具有高級認知功能的標誌。因此與其說自言自語會讓人發瘋，不如說自言自語可以讓人在智力上具備更高的實力。也許瘋狂科學家自言自語迷失在他們內在的心智世界中的真相是：這些天才是在用自言自語來增強他們的腦力。

自我對話可以增強自信心。鼓勵的話語可以培養自信和自尊，增加成功的機會，這已經不是什麼祕密了，即使這鼓勵是來自你自己也一樣有效！

研究人員發現正向鼓勵性的自我對話可以提高網球到衝浪等等一系列運動項目的表現[25]。

在這些研究中，研究人員將運動員分為兩組，兩組都遵循相同的培訓計畫，但實驗組會練習正向自我對話，培訓結束時，實驗組表現出較高的自信心和較少的焦慮，因此這些有練習正向自我對話的運動員最後都有比較好的表現。而我們將會在本章節學習如何使用鏡子練習正向積極的自我對話。

自我對話可以幫助你管理負面情緒。當你處於沮喪的處境時，也可以用自我對話來說服自己。首先讓自己從可怕的困境中脫離，然後用自我對話來改變自己的觀點。研究表明，以第三者的身分，例如「她、他或他們」而不是「我」的身分與自己交談，是可以讓自己平靜下來的有效方法[26]。我們將在本章節後面探索如何用不同觀點跟自己對話。

在改變觀點會對情緒造成何種影響的一項研究計畫中，研究人員進行了兩項實驗[27]。首先，參與者會與測量大腦活動的腦電圖儀（EEG）連接，然後研究人員向參與者展示從中性到令人不安的不同圖像。一組所面對的圖像是第一人稱（例如「我覺得這很令人不安」）；另外一組是使用第三人稱的圖像（例如：「塔拉發現這令人不安」）。

研究結果顯示，面對第三人稱圖像的參與者，能夠更快降低情緒引起的腦活動。在第二個實驗中，參與者與測量大腦活動功能的核磁共振機器相連，並要求他們回想痛苦的經歷。被要求以第三人稱回想的參與者，在與痛苦經歷相關的腦功能區域出現較少的大腦活動。這些研究顯示，用有一點距離的方式對自己對話，可以幫助我們冷靜下來，而不是用第一人稱讓自己在複述這件事時重新體驗相同的痛苦。

在具有同理心的狀態下，讓自我對話服務於某個目的或意圖時最為有益。相對而言，自我懲罰的胡言亂語就沒什麼幫助，反而會讓精神無法集中，加深痛苦。指導性的自我對話肯定也沒有好處，例如告訴自己不要擔心，回去睡覺，像咒語一樣對自己重複命令：「別擔心，去睡覺！別再擔心了，去睡覺！」大概是你所能做的最糟糕的事情。要想從自我對話中獲益，就像學習任何技藝一樣，需要掌握其中的訣竅，而我們將使用值得信賴的夥伴——鏡子——來做到這一點！

18 探索頭腦中的聲音：發掘內在的滋養者

你可能會發現內在存在著不同的聲音：有些聲音善良且能帶來滋養，而另一些則可能相當嚴厲。會帶來自我同情和鼓勵的是內在滋養者[28]，會讓你了解哪些事情做錯了，而哪些事可能需要有不同的處理方式的是內在的批評者；滋養者鼓勵你，批評者抑制你。但對於大多數人來說，內在批評者總是過分誇大錯誤並重演它們，讓人產生羞恥和自責感，而且內在批評者似乎總是比較強大有力，使得滋養者的聲音顯得微弱而容易被忽視。

發掘內在滋養者

怎樣才能合理對待自己，保持批評者和滋養者之間的平衡？有些行之有效的技巧可以強化內在的滋養者並馴服內在的批評者。後續將會提到如何使用鏡子和影片等工具來聆聽自己內在的聲音，看清內在自我對話的模式，才能轉化並以嶄新的角度應用它們。

首先，請找出內心那個積極、良善且具有滋養力的聲音。在佛教和一些宗教中相信人具有先天美德（basic goodness），即主張人生來就有基本美善存於內，換句話說，你生來就是良善且美好的，但因為生活中長年專注於自己的缺陷，渴求進步與完美，因而很可能會失去與這些美好本質的連結，以為成就和追求完美才是人的真正價值。

請在心裡想著一位你認為是好人的人，不一定要是聖人，只要你覺得此人具備基本的正直和體貼。

接著，請列出你心裡認為是好人的清單，在這過程中，你可能會發現自己是多麼容易看到他人的美好特質，即使你不太認識對方。請藉由這個經驗反推己身，並記住自己也是一個好人，開始從生活中注意他人覺得你是個好人的經驗，例如在對話中尋找蛛絲馬跡：「見到你很高興」、「你值得信任」、「我想聽聽你的意見」、「我喜歡和你共度時光」……各種這類的話。

我們可以選擇以別人看待自己的方式看待自我：具有美善的本質且值得敬佩。也許一開始有難度，因為你可能會覺得這過於自我放縱和違反常理，甚至有些自戀。

為什麼感受自己的美善會這麼困難？如果看到他人的美好本質是如此自然的一件事，別人在你身上看到的正向特質也是能接受的，那為什麼不能由衷地承認我們本來就具備這些品質呢？你能否覺察到自己內心深處的正直和愛，即使不顯而易見或不常表達出來？讓自我價值的信心增長，直到能充滿你的內在並沉浸其中。發自內心記得自己是個好人，無論未來發生什麼事，你都能從中找到力量和安慰。

試試看

將腦海中的正向聲音想像成是你心目中的那些好人在跟你對話。試著回想起過去鼓勵和滋養你的人：父母、老師、治療師、朋友，甚至是過去的情人，他們哪些話語讓你印象深刻？

問自己：「我最喜歡的老師現在會對我說些什麼？」來強化內在滋養者的聲音並覺察自我的美善本質。扮演你生命中滋養和鼓勵他人的角色，並想像他們實際上會說些什麼。

你可能會發現，比起回想這些具有滋養力的人和言語，想起那些批判自己的人和被批評的經驗似乎更加容易。這就是爲什麼需要強化內在滋養者的聲音，並藉由鏡子冥想來平衡內在批判者和滋養者的理由之一。

19 在鏡中找到同情心

當你開始定位並認識自己的內在滋養者和美好本質，接著就可使用鏡子來持續探索和增強這些特質。接下來的旅程，我們首先要學會覺察面臨挫折時的內在對話內容和情緒調性，然後就可以開始練習有意識地讓自我對話更富同情心、更加有鼓舞力量，並且全然接納而不加以批判。

對自己的痛苦具備同情心，可以舒緩痛苦的感受並協助重新集中注意力，讓你能有意識地啟動內心自我調節系統來創造安定感，遠離威脅和痛苦的感受。這個過程是一種自我療癒，能激發如滿足、安全和被愛、被關懷、支持且有依靠等正向積極的情緒。是的，你可以照顧自己、安心的依靠自己，並成為自己的照顧者。

研究已知用同情心來面對自己的苦痛，可以協助將注意力重新聚焦來啟動情緒自我調節能力，這可以讓人在威脅和痛苦中安定下來。這種自我療癒機制是透過激發特定類型的正向積極情緒來運作，例如滿足感、安全感和被愛感，這些情緒跟人類與生俱來的關懷和依戀動機有關。

在研究中，安全感是以增加心率變異性（HRV）來衡量的[29]。該速率反映了交感神經和副交感神經系統的平衡情況，這與人對壓力的反應方式有關。如果心率變異性數值較高，那麼在承受壓力時的自我安撫能力就更強，也更有能力採取具有同情心的行動。較高的心率變異性能抑制在痛苦中抗爭或想擺脫痛苦時的負面壓力反應，相對較有能力面對自己和他人的苦痛。

鏡子冥想能在自我對話中增強同情心，而同情心能啟動內建的自我情緒調節系統，使我們能夠面對痛苦而不是糾結或逃跑——也就是說，我們能將自己定位於自身之外，看見痛苦，然後採取有效的行動來減輕痛苦。

心理學家尼可拉．佩德羅基（Nicola Petrocchi）及其同事進行了一項研究，以確定鏡子的應用是否能提高用同情心來自我對話的效果[30]。

研究參與者被要求說出四個短句來安撫和鼓勵他們最好的朋友，接著他們被要求在下述三個條件之一的狀況下，描述一個批評自己的情節：（1）面對鏡子，同時對自己說那四個安撫短句，（2）在沒有鏡子的情況下，對自己說這四個安慰短句，（3）就只是看著鏡子裡的自己，不重複這些安慰短句。以下是一些安慰短句的例子：

你不喜歡自己的地方，反而需要你的關注和愛。

過去的你很強大，現在的你也能找到相同的力量。

我在這裡，我會永遠在這裡；我也會盡我所能地幫助你。

想想過去那些你所成就的美好事情，未來的你一定也能如此。

研究結果顯示，看著鏡子說出安慰短句的參與者，情緒明顯地較舒緩且積極，與其他兩種情況下的參與者相比，他們的心率變異性也更高。由此顯示鏡子確實能增強帶著同情心的自我對話的舒緩效果。

鏡子可以增強用同情心自我對話的效果，是因為鏡子把你獻上同情的對象，也就是「你自己」給具象化了。此外，在鏡子中你可以凝視自己的眼睛，並看到自己的臉部表情，從而喚起你的移情反應。

在後續章節中，你即將學習面對自己的臉部表情。

試試看

1. 當你照鏡子時，只需要覺察鏡中的倒影所引發的情緒感受。看看你是否能因爲覺察到對自己缺乏同情心，因而產生同情心。
2. 列出你會說來安慰朋友的正向、安慰、充滿同情心的話，或是當你感到沮喪或鬱悶時最想聽到的話，然後在鏡子冥想中對著鏡子裡的自己說，同時感受對著自己說這些話語的感覺如何？

20

探索頭腦中的聲音：馴服內在的批評者

既然已經找到內在的滋養者，也練習了增強自我同情心的方式，接下來就可以開始探索不太友好的聲音——內在的批評者。如果你傾向過度批評自己，那麼你並不孤單，因為多數人都經歷過嚴厲的自我懷疑和自我批判，也許這些狀況並非經常發生，但也可能時不時會出現。但我們不必成為自己言語虐待的受害者，反之，我們可以採取措施主動解決這些消極想法，改為與自己進行更友善、更有幫助的對話。

首先，要明白腦海中的所有聲音都有其存在原因，內在批評者的目的其實是要保護你，而明白這一點可以帶來釋懷。因此，我們得探索一下內在批評者的保護機制。

與內在滋養者一樣，你可能會發現批評的聲音來自其他人，例如父母、老師、老闆或前情人。批評者的聲音可能是更普遍的，這些聲音可能會是你耳邊不時響起的批判性評論；也可能是當年朋友或陌生人不經意說了一句話，卻深深進入你的心裡，以至於多年來一直伴隨著你。

來感受一下這聲音的細節：

- 它有性別嗎？
- 它年紀比你大還是小？
- 它的動機是什麼？
- 它是想保護你還是警告你某些危險？
- 它只是想羞辱你，讓你維持現狀嗎？
- 它是否直接並確定的指出你正在或曾經做過一些可怕的事情？
- 它是否間接地給你和你的計畫帶來不確定性和懷疑？

例如，那個聲音可能會說：「記住永遠別再這麼做或這麼說了！」此話語的根源可能來自於你曾經做或說的某事，導致身體或情感上有痛苦的經歷。也許你在非常自信的時候跌倒並讓自己受傷害，所以現在內在的批評者發出警告，讓你知道過於自信是危險的。也許你曾經對他人發表了自以為輕鬆有趣的論點，但卻被尖酸刻薄的回擊，讓你啞口無言，你內心的批評者就會將這個經驗標註：「永遠別再對任何人這樣說！」

在這些情況下，內在批評者的目的可以說是為了保護你不再經歷相同痛苦和不適，但它提供的保護和內在滋養者不同，而是用自我懲罰的言語對你進行二次傷害。這些辱罵式的言語可能非常廣泛，導致你發自內心想做或想說的事都有可能被認定是高度危險或容易遭人報復，因而讓自己陷入恐懼和痛苦。

內在批評者是非常絕對的，幾乎沒有任何彈性或灰色地帶，它最喜歡的詞彙是「你應該」、「你總是」和「絕對不要」。

「看你把事情搞砸了，屢試不爽。」

「你應該放棄，因為你永遠不會成功的。」

「你和其他人太不一樣了，不會有人願意和你在一起的。」

「你還有很多問題要解決，你永遠都無法修復自己，更別提要去幫助別人了。」

以上這些話是否聽起來有點耳熟？內在的批評者並沒有在生活中創造希望和新的可能性，而是讓你質疑自己的價值，並讓自己的行為顯得可疑和白費。

正念的自我意識可以幫助你看到內在的批評者實際上正在阻止你活在當下。要麼是基於過去，警告你永遠不要再這樣做；要麼就是遙望著未來，細數你有多少缺陷，在你變完美之前，根本不會有能力繼續前進。這些話語通常是一再重複的，如果你試圖抵抗這些自我批評的聲音，似乎只會讓它們變得更強大。因此與其將這個內在批評者視為敵人，不如將其化為盟友，但需要先認清這個內在批評者試圖幫助或保護你的手段，是一種晦暗、扭曲或讓人不適的方式，而這清晰的認知將能與批評者建立良好的連結，並隨著時間的推移將其轉變為有用的盟友。

試試看

當內在批評者的聲音出現時，看看你是否可以透過啓動自己的內在滋養者來平衡它。我以古老的彈簧玩具爲靈感，把這項練習稱爲「Slinky」。坐在鏡子前，先做一些前面提過的基本放鬆步驟，例如加深呼吸並將意識轉移到身體感覺上，然後將雙手放在膝蓋上，掌心向上。

回想一個你正在努力解決且盤據心中揮之不去的問題，然後想像一隻手是你內在批評者，另一隻手是內在滋養者，然後將你的意識在這兩隻手中轉換，就像有一個 Slinky 彈簧玩具在你的兩隻手中跳換。請注意，當想法的重心從一隻手轉移到另一隻手時，這兩個想法是透過 Slinky 彈簧串連著的。當想像中的 Slinky 彈簧停在某隻手掌上時，對著自己倒影大聲說出它（批評者或是滋養者）的看法。

以下是一個範例，模擬如果在會議中說出了令自己後悔的話，可能會產生的內在對話：

內在批評之手：「你搞砸了，現在他們一定都認爲你瘋了！」

內在滋養之手：「你會對這樣說感到後悔，這意味著你關心他人和在乎自己言行，這是非常好的。」

內在批評之手：「他們永遠不會忘記這件事的！」

內在滋養之手：「你可以再找他們談話，你有很多選擇：你可以道歉或澄清你眞正想說的話。」

內在批評之手：「你只用一句蠢話，就讓所有人遠離你！」

內在滋養之手：「他們可能比你想像的更寬容；即使他們不理解你，我理解。」

……

繼續進行，直到兩隻手的所有想法都表達完。當你把這兩種不同的聲音想像握在手中交替聆聽時，看看是否能感覺到手中批評者和滋養者不同的思想重量。

將聲音從腦海中拉出，把它們化爲現實掌握在手中，並在鏡子中親眼看到它們交替出現，這通常能產生一種轉化：你本來看著一個把事情搞砸的人，有機會能轉變爲看到一個正在受苦的人，這對自己的痛苦將更容易產生同情心。

當你在兩隻手中轉移這些不同看法時，請記住它們不是分開的，而是作爲Slinky彈簧的兩端連接在一起。當思緒從一隻手轉移到另一隻手時，想像你正在將一枚硬幣的兩面，或者兩種看待問題的方式編織在一起。想像有個Slinky彈簧在手中移動可以幫助自己固定在相同的主題上。手部動作可以盡量放和緩，尤其是經常以自我批判嚴厲對待自己的人。

在上述範例的情況下，內在批評者試圖保護你不被他人排斥或拒絕，它想要有安全感的與他人交流，並得到充滿信任的回應。內在滋養者也想要同樣的東西，但它知道想得到這些並不需要一直保持言行完美。所以雙方都想要同樣的東西：感到安全、相信自己，被他人喜歡、包容和欣賞。

尋找內心不同的聲音有什麼共同點，將有助於與內在的批評者交朋友，不用那麼害怕它。這個練習將幫助你平衡注意力並記住自己的良善，這並非否認自己的錯誤，而是如果只是不斷地審視、分析這些錯誤，並無限延伸關於它們的故事，只是在強化它們已經帶來的痛苦。相反的，透過看到和反思好的層面，你可以架起一座通往善意和關懷之地的橋樑，待在這樣的美善之地，可以提高你誠實看待任何具有挑戰性事物的能力，並讓你保有繼續前進的信心。

21

內在聲音的表達方式

現在你已對自我對話的不同層面有了一些認識，接下來將會有更深入的探索。拍攝自己的影像日記不失為掌握自我對話和深入了解內在對話模式的好方法。

你可能已經有錄製影片放在自己的社交平臺供人觀看的習慣，平常也會觀看朋友的影片，但是影片日記不太一樣，因為這是一本僅供自己觀看的影片式日記。當我們製作影片的目的是向他人展示時，會傾向於控制自己所展現的一切。因為會被他人觀看，製作影片的全部目的就會是向他人展示並期望獲得反應，這樣會激發前面探討過的公眾自我意識。而影片日記則是關於向自己展示更多真實自我，讓我們能開放地探索自己，甚至還可能發現自己都不熟悉的自我面向，這些都是影片日記的價值。

讓我們將影片日記與自由書寫（free-form expression writing）進行比較。有一個名為「晨間隨筆」（the Morning Page）的練習，是作家茱莉亞・卡麥隆（Julia Cameron）在《創作，是心靈療癒的旅程》（*The Artist's Way*）書中介紹的方法，這個練習大致上是用三頁紙的篇幅，在晨間寫下腦海中想到的任何想法。

我發現這個晨間隨筆的書寫對我非常有幫助，因此多年來的早晨，我會端著一杯咖啡坐在桌旁，寫下我的晨間三頁隨筆。我大部分寫的內容並不是多麼刻骨銘心或令人興奮的事，所以當然不希望其他人看到；有時我會寫下當下困擾我的事，有時候會寫下想在商店吃什麼或買什麼；我還寫了一個朋友的去世、食物過敏、吵鬧的鄰居、愛情、遺憾、生活的預算……當下想到什麼我就寫下來。後來發現這麼做能讓我在接下來的一整天中維持頭腦清晰。每天在完成晨間隨筆後，無論我正在執行什麼創意工作，思緒想法都能更加順暢。更重要的是，這個練習有效的協助我以新的眼光看待自己的內心對話。

我們常常有種感覺，覺得自己無法控制內心的對話：念頭就是突然出現在腦海中，似乎擋也擋不住。這些內心的聲音可能會奪走我們當下的注意力，破壞我們的情緒。自由表達的寫作可以提供內在對話一個框架，當寫下內在的自言自語時，我們就更容易觀察到自我對話模式。

研究也表明了自由書寫的治療益處。心理學家詹姆斯．潘尼貝克（James Pennebaker）進行的研究中，他讓參與研究的人們在幾天的時間裡記錄了他們對壓力或創傷性事件的「最深層想法和感受」[31]。研究結果顯示，鼓勵人們寫下自己的情緒，對內在療癒有正向的益處，能提高認知適應能力，並從原本造成極大壓力的生活事件中獲得意義。

該項研究證實了自由書寫對身心皆有益處。研究過程中還發現，進步最顯著的是那些一開始對壓力事件的描述充滿消極和混亂情緒的人，他們在參與研究的幾天內持續書寫同樣的事件，隨著每日書寫的推進，這些人的敘述變得越來越連貫，似乎開始能拉遠距離觀察自己，並因此發展出更多觀察自己的視角，也產生了同情心。相比之下，那些從一開始就能嚴謹且同理的陳述事件、展現較少情緒的人，研究結果的差距性就較小。

從某種意義上說，自由書寫有點類似心理上的一種處遇，治療師為人們提供了一個讓人能表達內在混亂和脆弱的空間，還有對生命中獨特事件的真實感受。

人們可能會多次陳述相同的負面事件，而治療師會透過傾聽和引導反思銜接這些經驗和提供不同視角。隨著時間的推移，這些治療中所獲得的啟發就能整合到人們的記憶中，讓這些事件不會再像外傷一樣突顯，轉變成這些獨特生活事件的另一種有意義的面向。

想像一下，有位二十四小時全天候待命的治療師，會在你需要時立即全神貫注、以同情心和清晰的思緒傾聽你，並幫助你管理內在自我對話，而這位治療師可以是你自己。你可以使用影片日記來講述你想說的故事，然後觀看自己如何講述這些故事。

影片日記與自由書寫不太一樣，也與真正的治療師交談不太相同，但這種方式有其獨特的好處：**把內在的聲音轉化為實際的自我對話**，同時具有與自由書寫相同的心理益處，而且影片日記隨時都可以進行。

影片日記是培養自我覺察和自我同情的寶貴工具。我知道觀看自己的影片通常會令人不自在，還可能會激起內在的自我批評，但用這種獨特角度看待自己的反饋是值得的。

在我生命中比較緊迫的一段時期，那時我剛好經歷兩段親密關係的結束，但我發現自己太忙了，沒時間做晨間隨筆，於是我開始將一些我想對別人說的話錄製成短影片，然而，隨著時間過去，我發現把這些話只講給自己聽也同樣令人滿意——有時效果甚至更好，因為不必考慮別人對某些敏感言論的反應。

我會用影片日記來回顧一天的經歷，細細品味和放大美妙的經驗；也會用影片日記談論無法跟他人分享的困擾。我藉由這樣的過程來消化自己的感覺，也透過觀看這些影片來了解自己的感受，這讓我產生一些重大的轉變，我不需要再練習如何自我同情；因為在影片中看到自己時，同情心會自然而然在心中湧現。

影片日記為我提供了一種新的方式來看待自己、接受自己，無論我的感受是什麼或說了些什麼，我都與自己同在。

擁有這些影片讓我能以更寬廣的理解和同情來回顧自己的經歷和掙扎。所有想說的一切，我都能在影片日記中說，而這個過程也能讓我練習覺知並接受所有情緒和想法。觀看這些影片也幫助我接受自己的不完美，並與自己建立更有力、更積極的關係。

當我開始指導他人如何運用影片日記後，許多人不約而同地發現影片日記的確有助於提高自我覺察。花時間表達自己的情緒，然後全神貫注地觀察自己，這麼做有助於整合和處理自己的感受。

當身邊沒人能專注傾聽你想說的話，或是你想說的內容需要保密或可能讓他人感到不安，影片日記就是個很好的工具。

藉由錄製私人影片日記，你可以為自己創造一個私密空間來處理自己的感受、想法和情緒，而不必擔心他人的反應，在這一個能對自己誠實，同時也能如實看到自己的空間，你將可以與自己建立更牢固、更積極的關係。

22 如何製作影片日記

現在就用智慧型手機、電腦或其他影片錄製設備為自己錄製大約十分鐘的影片日記吧。影片日記僅供你自己觀看，因此你可以發自內心，不加修飾地暢所欲言。

以下是一些影片日記製作小提醒：

- 確保在開始錄製之前關閉所有手機和訊息通知。
- 先制定好影片日記的錄製和存放計畫，確保這些影片的私密和安全性。這會幫助你感覺更自在，因為無需擔心其他人可能會看到、被看到後別人又會如何看待你所說的話和那些內容。而有了能讓自己安心的規畫，就可以全然的不用顧慮他人，獲得暢所欲言的自由。
- 你可以談論內心想到的任何事情，不必擔心他人的反應，也盡量不要審視自己。如果在錄製影片時，內在感到批判或有任何自我覺察，那也就一起談談吧，請談論任何你當下想到的或你此時此刻正在經驗的事情。
- 沒有對與錯。請記得，影片日記的目的是練習看到自己，而不是為了讓別人看到或取悅他人，讓他們喜歡你。

- 盡量安排每天在固定的時間和地點錄製影片日記。許多人喜歡在早上先做鏡子冥想，然後在晚上做影片日記。
- 如果沒有完全私密的空間，可以考慮在戶外或半封閉空間中錄製影片日記。公共區域雖然不盡理想，但當你在這些地方為自己錄製影片時，會像是你正在與某人進行視訊通話，外人通常不會想打擾你。
- 一開始的前幾個影片日記可能會讓你感到尷尬和陌生，即使感受到來自內心的抵抗或外部環境的挑戰，請讓自己繼續嘗試。當我們開始嘗試一些舒適圈以外的事物，這種情況經常會發生，請不要讓自己輕易放棄。
- 製作影片日記除了與自己同在之外沒有其他目的，因此你不必看起來完美、不必娛樂自己，也不必想著要如何讓自己進步。就像跟自己約會聊天一樣，泡杯茶、打開影片錄製機器、遇見自己。

製作一批影片之後，你可能會好奇地想看看這些影片內容。由於大多數人都不是很喜歡在影片中看到自己，因此你必須先做好準備再開始觀看這些影片。

請讓自己在沒有任何干擾的情況下私下獨自觀看這些影片日記：請關閉所有手機通知，不要試圖一心多用。開始看之前先做一些前面章節提過的深呼吸和身體覺知練習，讓自己放鬆並且注意力集中在當下。告訴自己要以開放的心態從全新的角度看待自己，並啟動自己的內在養育者來支持你用同情心看待自己。全神貫注地觀看每個影片日記至少一次，並在觀看時注意自己的內心情緒和身體感覺，但請不要觀看的時候在心裡規畫任何自我提升的計畫。

透過有覺知地完整觀看影片日記，可以讓自己察覺到以前可能都沒有意識到的各種情緒、說話習慣以及重複循環的思維模式。你會發現，錄製完成後立即觀看與幾小時或幾天後再觀看會有不同的發現和感受。因此你可以選擇在一天、一星期、一個月甚至是一年或幾年後觀看這些影片日記，你可能會驚喜於自己的轉變和收穫更多對自己的見解。

請記住，這只是一個以新的角度看待自己的練習，所以沒有對與錯，你的任何自我省思練習都是完美的，永遠都要記得善待自己。

試試看

練習 1

設定明確的意圖以開始和結束影片日記，範例：影片開始之前可以告訴自己：接下來的十分鐘內，我要全然對自己誠實，並讓自己沉浸在其中。而影片結尾可以設定對想感謝的人事物表達自己的感激。或者在拍攝影片前你可以想像接下來的十分鐘要和一位親愛的朋友交談，那麼你將如何開始和結束談話？

練習2

嘗試製作不同視角的影片。例如用第一人稱說：「我今天感覺很好」、第二人稱：「你今天感覺很好」、第三人稱：「塔拉今天感覺很好。」並觀察自己使用這些不同的視角感覺如何？

練習3

抽出時間觀看你的影片。請在適合的空間，調整好呼吸和意識，讓自己能在放鬆、舒適的環境中懷著善意觀看自己的影片。

看影片的時候你覺察到什麼？當看著自己時，你又注意到了什麼？感受到什麼情緒？在影片中看著自己，會改變你對自己的看法嗎？

第四部

自拍和按讚數

23

社群媒體時代的特徵

我們在第三部了解到影片日記是提高自我覺察和理解的好方法，這些是單靠內省無法做到的。看著自己講述那些影響內在情緒的生活故事，或透過影片經驗一些你曾發現過的內在感受，效果相當顯著，因為這可以幫助你成長，與自己建立穩固且充滿同情心的關係。

本章節將開始討論現在的社交世界——尤其是社交媒體——是如何擾亂我們用同情心來認識自己的機會。

第二部談到了關於美麗和外表的議題，而在本部分中，讓我們來關注社群媒體如何影響人們的注意力，以及使用社群媒體的習慣是如何阻止人們發展深入傾聽自己和他人的能力。

隨著世界變得越來越數位化，我們在數位設備上花費的時間也越來越多。甚至在疫情流行之前，美國人已經平均每天花十一個小時看螢幕[32]。然而，當我們看著螢幕時，並不是在看自己，也並不是在看彼此。

一個會讓人們關注螢幕的例外是視訊會議。這幾年全球疫情大流行，引發視訊會議需求爆炸式增長，但許多人發現在視訊通話中看到自己的臉會感到「鏡像焦慮」，以至於很多人對視訊產生厭惡感。顯示出多數人不喜歡看到自己的倒影，而這種反應有很多原因，本章節會討論到一些，而後續的章節中將會更深入探討關於「看到他人」與「被他人看著」的議題。

我們來比較一下視訊會議與自拍吧，為什麼自拍會如此受歡迎，但在視訊中看到自己卻似乎不太吸引人？

一方面是因為我們對視訊的影像掌控度不如發自拍照時那麼多。你可以拍攝一百張自拍照，然後選擇一張最完美的，或者對其進行圖像編輯直到覺得完美。但在視訊會議上，你無法掌控自己的影像及其他人對它的評價，甚至得面對他們對你的任何即時反應。

你可能已經體驗過「視訊會議疲勞」，也就是在一整天視訊通話後感到頭昏腦脹。當大腦必須更努力地處理和控制所有在視訊通話中近距離且可能失控的臉部表情時，就會出現視訊會議疲勞。相比之下，發布一張自拍照並等著看有多少按讚數，會比嘗試在即時視訊中解譯在場所有人複雜的非語言線索要容易得多。

就情感滿意度而言，在社交媒體上與他人互動與直接與人面對面的互動是不一樣的。發布自拍並獲得點讚，與親自出席社交聚會並得到他人的微笑和溫暖的擁抱，兩者在情感滿意度上是不同的。

美國精神病學協會認為，每天自拍超過三張其實就算是一種疾病。儘管自拍看似無害，但自拍成癮與各種心理健康問題之間存在著密切關係，例如低自尊、自戀傾向、孤獨和憂鬱，尤其是在年輕族群中更是如此[33]。當了解以上的風險後，更重要的是知道如何以健康的方式滿足我們對社交和歸屬感的需求。

發布自拍這種行為本身就是一種社交隔離。研究表明，人們不會正向看待那些發表大量自拍照的人[34]。

如果你發表了大量自拍照，即便獲得許多人按讚，實際上卻可能會對自身的社會地位和人際關係造成負面影響。自拍可能會讓人產生與他人連結和受歡迎的錯覺，但仔細一想，自拍展現的似乎是你希望得到注意和喜愛的孤單內心。

自拍通常無法讓別人看到真實的你，而是呈現經過修飾後的圖像，用這種方式嘗試與他人建立聯繫，通常無法達到目的。自拍往往是源於想要被他人注意和喜歡的渴望，但研究表明，這最終只會造成更多的焦慮和憂鬱[35]。比起面對面與人交流，我們花更多時間看著屏幕和等待獲得按讚數，最終的結果卻是失去許多與人面對面交流所得到的社交和情感回饋。

本章節會用兩個案例研究來探討自拍背後的不同需求，你將因此了解為什麼自拍容易令人沉迷。然後我們會接著討論正念冥想如何能幫助戒除這個癮頭，還有如何把正念冥想結合應用到鏡像冥想中，讓大家學習使用鏡子冥想來擺脫自拍的衝動，並培養帶有同情心的自我覺知的能力來發掘內在的真正需求。

24

自拍成癮

莎拉去熱帶的阿魯巴島度假，想藉此遠離紐約喧囂的生活。她看到美麗的日落，想要捕捉這一刻，於是她拍了一張用溫暖橙色、粉色和藍色的美麗天空作背景的自拍照，成果看起來很棒！她興起了把這張照片放上Instagram的念頭，還為此想到了一個可愛的標題和標籤，這讓莎拉感到更加興奮和期待，當按下發送鍵時，她感到一陣愉悅，然後接著動身去找一起度假的朋友們共進晚餐。

在路上，莎拉很想停下來躲到棕櫚樹後看一下手機，看看到目前為止收到了多少讚和評論。當她跟朋友一起共進晚餐時，雖然心裡很高興見到朋友們，但她幾乎無法集中注意力跟他們談話，心思全都放在貼文上有多少讚了？誰評論了？她該怎麼回應？

她知道一定要回覆每個評論，否則感覺很沒禮貌，而且評論越多對演算法來說越有利，可以讓更多朋友和粉絲看到她的照片和貼文。不過，如果回覆得太快，又會顯得她很心急，可是如果沒有夠快回覆，她的朋友們可能會慢慢遺忘這則貼文……

晚飯後，朋友們建議一起去海灘散步，但莎拉決定回到自己的海灘小屋，好讓她可以快點查看 Instagram 的動態。也許她應該也將一張早些時候拍的自拍照發布上去，但她覺得這張照片需要調色才能更好看，還需要修圖讓自己看起來瘦點，並讓五官更立體些，想到這邊，她又興奮了起來，確信這第二張自拍照一定能得到更多的點讚和回應。

是什麼促使我們渴望自拍並發布這些照片，而不是好好享受當下？

《渴求的心靈》（*The Craving Mind*）這本書的作者：精神病學家、正念與成癮行為學者賈德森·布魯爾（Judson Brewer）使用獎勵和懲罰的原則來協助人們理解成癮行為的形成。

對某事上癮的過程分為三個階段：

一、有種衝動促使我們去做一些產生良好感覺以作為獎勵的行為，這些會對個人產生良好感覺的行為稱為觸發因素，觸發因素會因人而異。

二、我們從事了該行為。

三、我們獲得獎勵（即「良好的感受」）。

所以，應用到莎拉身上：她的大腦（與你的大腦相同）透過五種感官接收信息，以看到美麗的日落為例：基於過往類似的經驗，她的大腦會將此判斷為愉快或不愉快，而在上述的情況下，莎拉的大腦判斷道：「我喜歡這個日落！」

例如你在Instagram上發布了一張照片，你可能會得到一堆讚和回應。如果因此體驗到愉快的感受，大腦就會渴望或產生衝動：「我想要更多！」如果感到不愉快，它會說：「把這些東西拿開！」基於此，我們才有動力去採取行動，讓好的留在身邊，讓壞的消失。

如果你的行為是成功且得到正向回饋的，你的大腦就會留下記憶，以便記住以後有機會就能再做一次：「那會很棒！所以異國旅行看到美麗的夕陽，別忘了多拍幾張發出去。」

所以當看到美麗或酷炫的東西時，都會成為觸發因素。這種觸發－行為－獎勵的程序不斷反覆持續下去，就會成為各式各樣的成癮，包括自拍成癮。

更讓人著迷的獎勵是神經化學反應——腦內多巴胺的釋放，這也是讓這一切這麼值得期待的原因。多巴胺是大腦產生的一種化學物質，在我們的行為方面具有正向激勵的重要作用。品嚐到美味的食物、性愛時、運動後，還有更重要的——在社交互動上得到正向結果時，包括在社交平臺上收到讚，腦中就會釋放多巴胺，多巴胺讓我們感覺良好，並激勵我們尋求更多以上會收到這種「獎勵」的行為。

讓我們迷上自拍的原因是什麼呢？這種特殊的沉迷行為與鏡子、社會形象和自我映像密切相關，而我們可以透過觸發—行為—獎勵的程序來了解自拍成癮的基礎成因。觸發因素可以是看到喜歡的事物，行為是將自己與這些事物關聯起來，獎勵是在社交平臺上獲得讚和回應。

例如，你去看牙的路上經過一個可愛的噴泉，這個噴泉就是一種觸發誘因，促使你將自己與美麗的事物關聯起來，或是分散你對看牙醫的注意力；而行為是在噴泉旁拍一張不露齒的微笑自拍然後發布；獎勵是收到讚和回應，這會更進一步分散你對牙醫體驗的注意力。

也或許是你羨慕朋友的自拍照，她看起來這麼纖細（觸發誘因），於是你決定給自己拍一張相似的照片，並修圖讓自己看起來少個幾磅（行為）以獲得正向評論：「哇，你看起來棒極了！」作為獎勵。

觸發因素也可能是覺得無聊，或是一種無法形容的空虛感；行為是發一張搞怪、有趣的自拍，看看你的朋友們會有什麼反應，而這會刺激你的好奇心並增加腦中的多巴胺，以良好的自我感覺作為獎勵。

試試看

隨著時間的推移，我們陷入的「觸發—行爲—獎勵」模式可能會有很多種，花點時間反思一下自己的模式，看你能否辨識出自己的觸發因素、行爲和獎勵。

25 理想形象與自我反思

如同在莎拉度假的案例中呈現的，自拍並張貼在社交平臺的衝動剝奪了她享受假期的寶貴時光，與新朋友社交、即時享受朋友的陪伴，都因為她對自拍的癡迷而造成深刻的障礙。

前面我們還了解到，自拍的習慣多麼令人難以抗拒，因為在自拍中可能會分泌多巴胺，而多巴胺讓我們感覺良好。那麼究竟要如何打破自拍習慣，以更深入、更充實的方式滿足自己的社交需求？

正念技巧能有效減緩「觸發—行為—獎勵」的程序，能讓我們更了解自己，好讓我們選擇是否要按照自己的衝動行事。與大多數成癮習慣一樣，剛開始時充滿興奮的獎勵行為，最終會變成例行公事和漫不經心的慣性。而採取正念技巧協助自己，我們就能在各種體驗中讓自我意識保持在當下，這種視角的轉變可以成為改變的基礎。

在自拍成癮的案例中，精神病學家賈德森・布魯爾建議提高正念的自我覺知的四個步驟，這四個步驟稱為RAIN（由此四步驟的首字母縮寫而成）技巧，是資深冥想老師米歇爾・

麥當努（Michele McDonald）所發展，而由冥想老師和心理學家塔拉·布萊克廣為教導與提倡。

- **辨認／放鬆（Recognize/relax）**：辨認「想自拍」及「貼出自拍」的衝動。
- **接受／允許（Accept/allow）**：接受及允許這種感覺的存在，不要抗拒它。
- **探索（Investigate）**：探索當下的身體感覺、情緒和想法。
- **記錄（Note）**：在沒有執著的情況下，記錄每時每刻發生的事情。

我們可以在鏡子冥想中使用RAIN技巧。把腦中的衝動想像成你可以駕馭的波浪，並在鏡子中學習如何駕馭一波波渴望的浪潮。

例如，如果浮現強烈的自拍欲望，第一步就是認清它並放鬆下來；你無法控制它襲來，所以允許並接受這個浪潮用它原本的樣子湧現。請不要忽視它或試圖分散自己的注意力，也不要試圖抗拒或採取任何行動，你只需要在這過程當中，用柔和的目光專注看著自己。

用適合自己的方式去設定一個詞彙、短語或手勢，來表示你同意跟隨這波浪潮。例如，對著鏡子簡單地點點頭，同時設定一個舒緩的姿勢，比如撫摸頭髮，或用拇指滑過你的指尖，帶著善意來允許自己接受這股想要的浪潮。

就像衝浪一樣，要乘上想要的浪潮，就必須在它形成時先探索、了解一番。應用自己的五感、保持好奇心，當凝視著自己的鏡中倒影時，大聲問自己：「我的身體現在感覺如何？」

不要刻意尋找，而是去覺察那正在升起的明顯感受，讓它像波浪一樣來到身邊，並用開放的五感感受此時此刻正在經驗的一切。最後，請使用簡短的短語或單詞記錄下體驗的過程。例如：「思緒奔騰」、「胃部翻攪」、「肩膀酸痛」、「灼熱」、「緊繃」、「心跳加速」、「搔癢難耐」等等。

跟隨著波浪，直到它完全消退。過程中如果分心了，可以藉由詢問自己以下這個問題來重回專注：「我的身體現在感覺如何？」，在這過程中，請對時時刻刻可能都在變化的體驗保持開放態度，請記得，並沒有所謂正確或錯誤的作法。

當面對自己內心的衝動時，可以在鏡子前練習RAIN，並在渴望的浪潮湧現時做出舒緩姿勢，同時大聲問自己：「我的身體現在感覺如何、這個渴望讓我身體的哪部分有感覺？」而你將能用自我同情的角度獲取更多的自我控制。

經過前面的練習，未來想自拍、查看手機或其他任何事情的渴望浪潮湧現時，即使當下不方便端坐在鏡子前冥想，還是能比之前更輕易的面對這股渴望的浪潮。在冥想中設定的舒緩姿勢讓你能允許和接受自己的渴望，但不會對它們採取行動，因此你可以隨時隨地駕馭渴望的浪潮，隨著時間的推移，這種不時湧現的渴望將會逐漸減弱。

此技巧還可以應用於任何你希望可以改善或控制的衝動行為，例如查看手機、吃零食、抽菸、性行為等等。第一步是去辨識內心的衝動或渴望，接著就是帶著覺知和慈悲去面對自己。

26

維持形象的努力

生活在視覺圖像的時代，人們將自己視為品牌或商品的情況似乎稀鬆平常，我們就像是社交媒體平臺中的一道道餐點，常常會陷入建立個人形象的壓力中。我們一再出現分享自己圖像的衝動，科技的進步讓這個渴望變得越來越容易實現。借助手機內建的圖片編輯軟體和眾多社群平臺的串接，可以快速輕鬆地進行圖片編輯、裁剪、調色，然後分享。而有了各式各樣的濾鏡，我們能描繪出更理想或更好的自己。一張討人喜歡的照片可以讓自我感覺良好，還可能讓按讚數增加，而這會讓我們加倍舒暢，增加腦中多巴胺，因此人們很快就會沉迷於這個循環。

我透過一個共同的朋友認識了阿里，她是一位知名網紅，Instagram的追蹤者很多。她在自己的社群平臺上代言商品，收入達到六位數。她展示在社群平臺上的照片將她美麗、性感、微笑的臉龐與化妝品、保健食品甚至廚房用具等產品連結在一起。

但漸漸的，她感到筋疲力盡，嘗試透過傳統的冥想練習來處理這個問題，但阿里發現冥想過程中她反而會煩躁和不耐煩，無法藉由定期冥想練習來得到協助。在把自己當成品牌和商品雕琢的過程中，阿里越來越執著於自己的外表形象，因此她的朋友認為鏡子冥想也許能幫得了她。

當她到達時，我對她本人與照片的差別感到有些震驚。她看起來比照片中的自己更疲憊、更老、更胖，甚至她的臉部特徵也明顯不同。她看出我的驚訝，解釋說：「我知道！我知道！我所有的自拍照都是經過修圖的！」

阿里接著告訴我，她已經開始拒絕參加任何現場活動，因為她的實際長相與網上形象明顯不符。她現在的事業完全在網路上經營和開拓，但另一方面，這也代表她與社會隔絕。現在的她正考慮進行大範圍的整容手術，以改變自己的臉和身體，讓自己看起來更像那些 Instagram 上的「美化」自拍照片。

我請阿里描述一下她自拍和發表照片的經過。

阿里說她已經這樣做許多年了，起初只是喜歡發文並看到朋友按讚，然後她的胃口越來越大，需要越來越多點讚數才能滿足。點讚數和評論就像是一種回報，看著自己的粉絲數穩步增加也是一種收穫。接著各大品牌開始聯繫她，提供代言和合作機會。隨著她在網路上的影響力和銀行存款的增加，阿里花在一開始時自己一直提倡的健康生活上的時間卻越來越少，所以她開始編輯和調整自己的照片，起初只是為了讓自己看起來更有精神、更容光煥發，然後她覺得必須讓自己看起來更高更瘦，接著是讓鼻子和腰圍更細緻，後來她又覺得必須讓嘴唇、眼睛和胸部看起來更大，沒完沒了地進行這樣的循環……

越是將自己的形象改造成完美的美女，阿里獲得的點讚數、評論和合作機會就越多。現在已有一整個團隊為她工作，而他們的工作就是美化她的照片。但現在她已經筋疲力盡，想休息一段時間重新認識自己，再決定是否要去整形。

當她坐在鏡子前時，她不自覺地開始微笑並擺出拍照姿勢，這讓她現在就想拍幾張自拍「在我們開始之前先拍幾張」她懇求道：「這些照片修圖完成後，看起來一定會很不錯的。」看到自己的倒影立即激發了她自拍的渴望。

所以我建議阿里用ＲＡＩＮ來駕馭這般浪潮，我鼓勵她讓自己感受這種衝動並觀察它。「我覺得很煩躁，只要不發照片我就覺得要爆炸了！」我們一起做了一些深呼吸和接地練習，以幫助她在衝動中能放鬆。

我問她這股衝動在她身體裡的什麼位置？「我的心在狂跳、我的手癢得想拿起手機、而現在我臉紅了——我覺得好尷尬！」她說，我發現她對自己身體的覺知非常的敏銳。接著我建議她做一個舒緩的手勢，而不是伸手去拿手機，她試著用拇指摩擦指尖，然後深呼吸。阿里覺得自己有這麼強烈的衝動很愚蠢和尷尬，我對她解釋，因為這是她常年學習來的模式，而且她多年來一直在練習和反覆加強該模式，所以現在她必須對自己有耐心點。

我和她一起使用鏡子來克服想要發布自拍的ＲＡＩＮ浪潮。起初她似乎很難分辨這是種衝動，因為它似乎是持續不斷的，甚至在照鏡子時更加明顯，就好像Instagram上的一切才是真實生活，讓她相信自己的每個樣子和角度都是自拍的機會。

她花了幾次療程才開始在鏡子裡看到真實的自己，而不是用Instagram的自拍鏡頭看自己，最後她開始放棄自己必須時刻為他人創造價值的想法。我鼓勵她敞開心扉，用好奇心來看著自己，練習什麼都不做，單純陪伴著自己。

最終，阿里發現她對無所作為的自己會產生強烈的自我批判，並一直相信她必須以某種方式不停為他人產生貢獻，否則她就不值得被喜歡、被接受或被關注。追溯到自己的童年，她想起當時父母告訴她，要時時保持微笑，展現自己的漂亮，否則人們不會喜歡她。阿里也發現，照鏡子時會更加強化那些童年經驗的力量。

所以我鼓勵她帶著同情心，去看待自我批判或堅持要創造有價值的東西給別人的衝動，並且對自己如果什麼都不做的結果保持開放態度。

透過練習駕馭自拍、發布照片和檢查點讚數的衝動，阿里不再將自己視為需要被人喜歡的「產品」。

她學會要對自己有同情心，慢慢地能放棄想控制自我形象和他人反應的欲望。阿里開始學會滿足於做真實的自己，無論當下感受如何。在鏡子冥想練習中，她創造了一個私人空間來探索自己最深的感覺，而不是為了滿足他人的需求，她與自己建立了親密關係。

什麼都不做，只是花時間和自己待在一起，這麼做深深地滋養了阿里，漸漸地，她開始能以更加輕鬆和真誠的方式與他人相處，而她真實的一面也吸引到新朋友和其他更有深度、更有價值的人際關係，這些人際關係更著重於彼此內在品質，如包容和友善，而非外表。

27

控制情緒的嘗試

並不是每個人都苦於想拍出漂亮的自拍，卡崔娜就認為她的外表沒有任何問題，她反而經常發布令人匪夷所思的自拍照：無論是化著妝還是素顏的微笑、哭泣、鬼臉、舔鏡頭的搞怪照片，各式各樣、應有盡有。

但卡崔娜意識到她的自拍習慣開始影響自己的工作品質和人際關係，因此我們首先需要確定她的自拍誘因。有時她覺得無聊想搞點事時，就會發發自拍照；對某事產生強烈的情緒反應時，她也會產生強烈的自拍衝動。

「當我不知道該拿自己怎麼辦時，就會發自拍照，然後好像就能立即獲得自己所需要的愛。」她來找我接受鏡子冥想指導，因為儘管她以獲得按讚和評論的形式收到了「即時的愛」，她依然感到孤獨、情緒失控。

我請卡崔娜描述她的日常生活和背景，她從事一份高薪的技術工作，但在職場中卻覺得自己被忽視，像個隱形人。她在社群媒體上使用化名，所以只有少數幾個朋友知道她的真實身分。與現實生活中可以面對面相處的朋友和家人相比，她花更多時間在網路上與完全不認識的人互動。

我很清楚卡崔娜沒有與他人進行足夠的親身互動，與真心關心和願意傾聽她的人面對面相處的時間少之又少，使她更難以控制自己的情緒；但她卻更代償性地試圖用自拍來面對自己的感受，但不幸的是，由於以下種種原因，她處理情緒的嘗試並沒有奏效。

首先，她創造了一個隱藏真實身分的角色，雖然她能藉此避免遭人拒絕或因自己的感受而受到批判的風險，但也沒有辦法讓人們接受真實的她，以及她當下實際的感受，卡崔娜在社交媒體上的「朋友們」認識的並不是真正的她。

而且這些都不是真實發生的，卡崔娜並無法親眼看到這些「朋友們」如何回應她。雖然收到許多按讚數和評論：「我懂妳的感受」，「獻給妳很多的愛」，以及大量的心形符號，但這些都只是卡崔娜真正渴望的現實生活中的親密關係的膚淺替代品罷了。

卡崔娜在 Instagram 上展現的情緒如此開放和脆弱。儘管她渴望被現實中的朋友接受和被愛著，但與真實朋友們如此開誠佈公地分享心情實在是太可怕了，無法想像。她可不想被嘲笑或被批判為情緒不穩定的人。

所以我讓她做個實驗：每當她有發自拍的衝動時，試著把相機對著自己，盯著自己看兩到三分鐘。

卡崔娜傾向於誇大自己的臉部表情，以便在自拍照中表達她的情緒，所以我建議她在看著自己時盡量保持平靜，不要特別做表情，事實證明這項練習對她來說非常具有挑戰性。透過把注意力放在自己的身上，而不是嘗試引起別人的注意，她發現自己一直試圖透過張貼浮誇的自拍照來避免更深層次的情緒。

卡崔娜找到了一位信任的優秀治療師來面對自己的情緒和感受，她不再自拍，而是定期進行鏡像冥想。她將鏡子作為與治療師會面療程中間空檔的支持工具，鏡子能協助她專注感受自己的內心，並善待和尊重自己。她開始意識到自己的 Instagram 動態所帶來的負面影響，花太多時間上網反而使她在社交上更孤立無援。

因此，卡崔娜決定培養更真誠的人際關係，定期與朋友們在現實生活中會面和談心。鏡子冥想協助她能更自在的被朋友們看著，她也以一種新的方式看待「朋友」——不是潛在的「讚」給予者，而是真正關心彼此的人。隨著時間的推移，卡崔娜的人際關係變得更深入、更親密，彼此相互尊重和支持，而且她也漸漸不太張貼博人眼球的自拍照了。

第五部

透過鏡像馴服內在焦慮

28

面對焦慮

剛開始學開車的時候，每當感到恐懼我就會踩剎車，但我並沒有意識到自己有這種反應。直到有一天，我帶我的暹羅貓去看獸醫，牠已經很焦慮了，而每次我踩剎車，牠都會加倍焦慮，發出令人毛骨悚然的哀號。透過貓的反應，我了解到原來我比自己意識到的還要焦慮得多——而且我的焦慮正在影響身邊的其他人。

很多時候，除非有人明確指出來，不然我們常常無法意識自己到底有多焦慮。如果你身邊沒有暹羅貓來反映你的焦慮，我可以告訴你如何使用鏡子來反饋自己的焦慮，而不會在此過程中加重焦慮感。後面的內容我們將一起探討什麼是焦慮、焦慮如何從我們大腦基本生存機制中發展成為一種自我延續的習慣，以及如何以不同的方式看待焦慮，同時更有效地應對壓力。

字典上說焦慮是一種消極期望的精神和身體狀態，是一種關於即將發生的事件或結果不確定，所引發的擔心、緊張或不安的感覺。而這幾乎可以涵蓋任何事情，意味著焦慮似乎很普遍，事實上也的確如此。

當你把恐懼和不確定性結合在一起時，就會感到焦慮；當事情可能會導致不良或危險的結果，而你無法確定該怎麼面對時，就會感到焦慮。例如在工作面試或第一次約會之前、被邀請公開演講或接受稅務稽核時、又或是去一個新地方旅行時。當我們正準備迎接生活中的重大變化時，好比上大學、結婚、離婚或生孩子，即使是正向積極的改變，也會產生焦慮。我們的生命是走向未知的，而它會讓人感到不確定和害怕。

焦慮總是以各種形式出現，而焦慮的一些典型症狀往往是急躁、煩悶、容易疲倦、注意力不集中、易怒、強烈的肌肉酸痛或睡眠困難，症狀往往因人而異，這就是為什麼焦慮總是很難被識別，尤其是發生在我們自己身上的時候。

焦慮的背後往往來自於恐懼。恐懼是幫助我們生存的情緒，警告我們有危險，並讓身體在面對威脅時做好戰鬥、逃跑或定住不動的準備，這些反應讓身體準備好應對我們生存上的直接威脅，例如遠古時代的劍齒虎。

隨著生活變得越來越複雜，人類的大腦也變得越來越複雜，我們發展出前額葉皮層來協助計畫和思考更富創造性的問題解決方案。因此現代人非常善於思考和規畫未來，我們也非常熟練於使用自己的腦力來想像最壞的情況，為未來可能的威脅做準備，但不幸的是這種類型的大腦活動也會伴隨產生大量的焦慮，我們的想像力常常就是內在焦慮的主要創造者。生活中也許有必要對負面結果進行一定程度的評估和規畫，然而就像內在的批評者一樣，大腦中掌管擔心的部分可能有時會太過火。

焦慮是為了吸引你的注意力，並激勵你做出必要的改變來保護自己和關心的人事物，因此偶爾會有焦慮的情緒是很自然的，甚至對我們而言可能是種助力。焦慮是人類的天性之一，讓我們具備預測和想像將要發生的事情的能力，但是持續普遍或過度的焦慮，會擾亂我們的日常生活，無論是在學習、工作還是與朋友相處。將近三分之一的美國成年人，會在他們生活中的某些狀況面臨失控的焦慮[36]。

焦慮通常會隱約發生在腦海中。經常感到焦慮，會讓人們難以辨識自己的情緒。如果一直處於焦慮狀態，就可能會因為恐懼或高度亢奮而無法注意到其他情緒。而如果你有焦慮症，尤其是社交焦慮症，就可能會減少與他人社交的時間，反而會錯過與人面對面交流所得到的反饋，這些反饋可以幫助人們更加了解自己的感受，進而更好地管理情緒。

孩提時期，我們學會透過與他人面對面接觸來理解自己的情緒並控制自己的反應；其他人對我們情緒的反應，則教會了我們許多關於如何理解自己感受的線索，我們終其一生都需要這種與他人交流之下的自我反思。但不幸的是，隨著人們花越來越多的時間獨處和使用電子設備，我們失去了這些自我反思的機會。缺乏在現實生活中得到自我反思的機會，是導致患有廣泛性焦慮症和社交焦慮症的人越來越多的一個因素。這些情緒障礙的表現為持續性的擔心自己所做或所說的是否正確、無法容忍任何不確定性、難以集中注意力或放鬆自己的思緒，以及難以識別自己真正的情緒。

在一項有趣的研究中，心理學家皮爾葛斯佩．魏南（Piergiuseppe Vinai）及其同事使用鏡子和影片技術幫助焦慮症患者透過「自我鏡像」（self-mirroring）辨識自己的情緒[37]。當這些患者感到焦慮而且沒有他人在身邊提供反思和支持時，他們學會了在鏡子裡安撫自己。

本章節將詳細闡述自我鏡像的概念，也會討論如何在焦慮時藉由鏡子來安撫自己並恢復平靜。除此之外，也會讓大家了解焦慮如何影響我們看待社會和世界的視角。接著我們將會探討人們對威脅所產生的戰鬥、逃跑和凍結反應，並將展示一些可以用來擺脫這些不舒服狀態的自我反思技巧，讓人們可以更有效地面對具有挑戰性的情況。

29 什麼主宰了你的注意力？

隨著世界越來越數位化，我們花在電子數位設備上的時間也越來越多。甚至在疫情大流行之前，美國人已經平均每天花十一個小時在螢幕上[38]。人們關注螢幕的時間和焦慮之間存在正相關[39]。但我們不知道的是，盯著數位電子設備的螢幕時間越長，會導致更多焦慮；還是人們會因為越來越多的焦慮，讓自己盯著螢幕上網的時間更長。也或許兩者都有。

許多人盯著螢幕的時間比與人面對面交流的時間還多，這會讓人們錯過對社交和情感功能非常重要的人際反思，伴隨著的是孤獨感和自戀情節隨之增高，同理心和同情心卻相對匱乏。

有研究報告指出，焦慮和憂鬱的人數已創歷史新高[40]。那些正在與焦慮和憂鬱對抗的人，往往難以識別自己的情緒，並且在認知調節能力（例如把注意力集中在當下的能力）方面存在嚴重缺陷[41]。隨著科技越來越吸引人們的注意力，並且對人的情緒有越來越複雜的影響力，更加迫切重要的是，我們如何保持自主權、對自己的注意力保有掌控權，並投注在我們真正想要關注的人事物上。

人的注意力是有限的——也就是說環境中的細節和事物遠遠超出我們的可關注範圍。那麼我們如何選擇值得關注的內容？而且在其中我們又有多少自由選擇權呢？人們其實天生就有一種傾向，會去關注對我們產生威脅感的人事物——就像負面偏誤（negativity bias）一樣，威脅和危險會自動引起我們的注意。

人類的注意力被認為是注意力經濟（attention economy）中的主力商品。要銷售某樣東西，無論是產品、創意還是服務，首先必須確保潛在買家的注意力。在新聞頻道和媒體平臺上投放負面新聞、誇大問題點，接著銷售解決方案，這是歷史悠久的行銷和說服技巧。

「要灑狗血才能上頭版」是報紙編輯的一句老話，但這也是人們大腦的運作方式。在資訊的汪洋中，我們的大腦會挑選出最可怕的部分並專注於它們，這當然同時會造成焦慮。

對某些不會對生存構成立即性威脅的事物感到焦慮時，人們通常會想要收集有關它的資訊，我們就此掉入互聯網的兔子洞，就像愛麗絲一樣，一頭栽進讓我們深陷其中的未知之境。

能引起焦慮的最常見話題是什麼？通常是關係到我們生存的議題[42]。根據研究會引發焦慮的最常見話題是對金錢、健康、人際關係、以及對公共事件的擔憂和不確定性[43]。這個清單反映了人們對生存的擔憂：我們關心自己的資源、所愛之人和自己的身體和心理健康，以及社會和他人對我們的接受度。

試試看

人人都關心自己的生存並致力過上沒有威脅的生活。而每個人都有自己獨特的焦慮觸發器，你的會是什麼？試著在一天或一週的時間裡，記下所有讓自己感到焦慮的事情，看看是否可以列出一個焦慮觸發清單。紀錄時請明確地描述這些事項，以下是一些範例：

收到有關信用卡的電子信件。
沒有收到電子信件或簡訊的回覆。
在去工作會議的路上遇到塞車。
忽然被要求做簡報。
第一次約會。
因爲噪音問題與鄰居對質。
拒絕朋友的要求。
看到你的老闆用奇怪的眼神看著你。

自己的提議被夥伴拒絕。

你可能會注意到，清單上的多數項目都具有挑戰性但不會危及生命。

錄製有關你的焦慮觸發因素的影片日記，並嘗試分別以第一、第二和第三人稱談論這些因素，並感受視角的改變是否會改變你的焦慮？

30

焦慮會扭曲你的觀點

問自己一個問題：你能同時感到好奇和焦慮嗎？

焦慮會讓人進入高度警覺狀態，身體會做好準備迎接一些想像中的威脅或挑戰，這種反應還會自動改變你的關注焦點，讓你能最大限度地提高應對威脅的能力。因此經常處於焦慮狀態，就將會改變你看待自己、世界和他人的方式。

焦慮會以複雜的方式改變視覺感知[44]。我們之前已經討論過負面偏誤。為了自我保護，我們的視覺注意力偏向注意可能的威脅，因此有研究表明焦慮會增強感官，當人焦慮時，聽力可能會變得更敏銳，也能看得更遠。

然而另一方面，焦慮也會縮小我們的注意力，讓視野變狹隘，這會讓我們更難以準確地看清情況。你可能在電影中看過這種極端案例，角色變得偏執後，開始認為每個人都想抓他們，而且電影中可能還會刻意扭曲畫面，以顯示角色的思緒如何被偏執和懷疑所扭曲。

處於焦慮狀態時，鏡子反而可能會讓你感覺被捉弄，因為從某種意義上來說，你會在鏡子裡看到雙倍的東西，因此焦慮也可能是加倍的，這也會讓人無法直視這面似乎會捉弄自己的鏡子。所以當處於焦慮狀態時，長時間直視鏡子中的自己通常不是個好主意。

因此，用鏡子協助面對焦慮時，可以先讓自己的身體接地、練習深呼吸、手指併攏拍打大腿、扭動腳趾等，好好感受自己的身體，然後對自己說一些關愛的話：「我很好。」、「你其實可以停下來，讓自己放鬆一下和深呼吸。」、「塔拉，妳可以放慢速度來處理這個問題，一步一腳印慢慢來。」

接著注意自己的眼睛，它們是瞇起來的還是圓睜的？當我們害怕時，通常會睜大眼睛尋找威脅，並向他人發出潛在危險信號。當看到威脅（無論是真實還是想像的）時，我們會限縮注意力，將注意力集中「威脅」上，以便可以密切監視並計畫攻擊它。

精神病學家和正念研究者賈德森・布魯爾（Judson Brewer）設計了一個練習來幫助人們擺脫這種狹隘的焦慮注意力狀態[45]。他發現可以透過眼睛的狀態來連結情緒，人們可以學會用眼睛來激發好奇心狀態，以協助自己擺脫恐懼和焦慮。焦慮的時候，布魯爾建議睜大眼睛以激發好奇心，（我建議先嘗試這個，不要直視鏡子。）試著睜大眼睛十秒鐘，注意你的焦慮感是否有變化？變強了，還是變弱了？它是性質上發生變化，還是改變成其他形式？

試試看

在你滑手機螢幕、打字、發訊息、或在電子設備上觀看影像一段時間後，試試看將眼睛睜大十秒鐘，這動作可以讓你的眼睛和心靈煥然一新，迅速改變視角，並讓你跳脫出原本的情境。

31

藉由自我鏡像來安撫自己

感到焦慮時，你可以用鏡子來安撫自己。研究表明，傳統的冥想練習可以有效協助減輕焦慮[46]。使用鏡子可以增加這些好處。我們可以透過鏡子用冥想的三個主要步驟來放鬆和撫慰自己：呼吸控制、身體感知和意識集中。

呼吸控制

當感到焦慮時，我們的呼吸會本能地發生變化，可能會開始呼吸急促、也可能是屏住呼吸。想像一下當你準備撕下OK繃，或在社交場合中想要阻止自己笑（或哭）出來，你可能會下意識的屏住呼吸來阻止自己有強烈的感受。突發的驚嚇會引發我們快速吸入一大口空氣然後屏住的反射動作。

如果感受到環境中有威脅，我們也會本能地屏住呼吸並保持靜止，不讓自己發出聲音。因此，感到焦慮或擔心時，你可能已經在不知不覺中養成憋氣的習慣、焦慮也可能會導致呼吸淺而急促，而這些呼吸的變化都會讓你更加焦慮。

控制自己的呼吸，進行緩慢的深呼吸是讓自己平靜下來最快的方法之一。在鏡子裡，專注於感受自己的身體，觀察你的鎖骨和肋骨如何隨著呼吸起伏。

如果看著自己的眼睛讓你感到更焦慮，那麼請把注意力集中在身體上。如果覺得呼吸急促，請將手指緩慢併攏或用雙腳輕敲地板，以幫助身體恢復放鬆。如果發現自己屏住呼吸，讓自己吐氣然後持續放鬆呼吸。如果擔心時間太久自己可能會失去控制，請設定計時器，一次進行五到十分鐘即可。隨著呼吸，盡可能地放鬆，不要強迫或抗拒——只有自己陪伴自己的呼吸練習，沒有任何對與錯。

身體感知

感到焦慮時，我們的身體往往是繃緊的。在鏡子裡，你可以清楚觀察到身體的緊繃狀態，尋找並定位這些緊繃：眼睛和下巴周圍的僵硬、皺起的眉頭、拱起的肩膀、緊握的拳頭、緊抓的手等等，還有咬指甲、抓撓和坐立不安等緊張動作。當下不需要試圖改變它們，只需要敞開心扉，帶著好奇心，透過鏡子觀察自己的慣性。選擇一個似乎最需要關注的身體部位，將注意力集中並配合呼吸來放鬆該部位，同時覺察試圖放鬆時出現的任何感覺。焦慮會在身體中產生一種準備好要面對威脅的感覺，如果刻意想放掉這種感覺，可能轉而會有恐懼或脆弱的感覺浮現。不要強迫自己放鬆，保持好奇心並傾聽身體，同時記得用善意的角度看待自己。

意識集中

你可能會想重溫第三部中的自我對話練習。當感到焦慮時，你可以試著拍攝影片日記來描述和紀錄自己的感受，並嘗試用不同的角度進行自我對話：「我感到焦慮」；「你感到焦慮」；「塔拉感到焦慮」。

以第三人稱的廣闊視角可以讓你回歸平靜，並協助你找到更多對自己的同情心。

帶著善意看著自己的眼睛，用第二人稱「你」的角度自我對話，就像對待朋友一樣，這也可能有助於平靜。

試試看

試著製作一段供未來自己焦慮時可以觀看的影片。選擇一個感覺舒適、樂觀和放鬆的日子和時間。用內在滋養者的角度錄製一個五到十分鐘的影片，讓你處在焦慮狀態時可以觀看，用來安撫和穩定自己。這個影片可以用來提醒自己：你並不是、也不會永遠處於焦慮狀態。

焦慮的時候請記得看這支影片。

32 解救僵住的自己

當面對危險，「戰鬥－逃跑－僵住」是我們會有的自然反應，也是對壓力的一種反應，可以協助人們對感知到的威脅做出應對，例如迎面而來的汽車或咆哮的狗。這種反應會讓人立即產生荷爾蒙和生理變化，進而讓我們能夠迅速採取行動保護自己，這也是我們的遠古祖先為了生存而發展出來的本能。

具體來說，面對威脅，你可以留下來戰鬥或迅速逃離現場。戰鬥或逃跑是積極的防禦反應，身體的心率會因此開始加快，從而增加流向主要肌肉的氧氣，此外身體痛覺感知會下降，視力和聽力會變得更敏銳，這些變化可幫助你準確評估情況並快速做出應對。

「戰鬥－逃跑－僵住」反應並不是我們有意識的決定，而是一種自然反應，因此當下是無法用意志控制的，但我們平常可以有意識地花時間慢慢養成應對壓力的習慣，並管理對真實威脅和想像中的威脅的焦慮，因為我們想像出來的威脅比真實的威脅更為常見。我們常使用「戰鬥－逃跑－僵住」反應來適應並管理日常焦慮，但通常無效，因為大多數的日常挑戰並不會真的威脅到我們的生存。你可以透過自我鏡像的練習來擺脫焦慮的不舒服狀態，讓自己可以更有效地做出反應，對自己更有信心和同理心。

接下來讓我們先從僵住反應來討論。

僵住反應會讓人變得無法動彈、靜止不動，是無法戰鬥或逃跑的停頓反應。僵住可以視為一種暫時性的「車燈下的鹿」的體驗。當人面對公眾自我意識時，僵住反應也可能會出現，比如在會議上突然被老闆叫到、或是在課堂上被教授要求回答問題，又或是來自街上的噓聲，這種突如其來的尷尬往往會讓人僵住無法反應。

如同前述內容提到的，應對焦慮相關反應（例如僵住）的最佳方法是深呼吸並聚焦在身體感覺上。在僵住狀態下，人們通常會屏住呼吸以保持完全靜止，但這會使我們更加焦慮並延續無法動彈的狀況，這個時候當然你的身體也會是僵直的狀態。試著讓自己動起來，跺跺腳、輕輕拍打大腿、起身動一動。

凱莎．優班尼克（KasiaUrbaniak）在她的書《無拘無束：女性的力量指南》（*Unbound: A Woman's Guide to Power*）中指導人們如何言語自衛，尤其是常讓女性僵在當場的言語騷擾狀況，例如遇到街頭挑逗：當走在街上，有人隨意的對著自己喊道：「嘿！妳的真美（可能是任何身體部位）！」大部分人通常會立刻僵住，就像一隻受驚的獵物，瞬間動彈不得。等到回神之後，人們往往會開始自責：「你怎麼能讓一個完全陌生的人那樣對待自己？」但是請先記住一點：這是一種自動的條件反射，由不得你。

凱莎在書中建議，如果處於一種讓自己感到不舒服的自我意識的情況下，請嘗試將注意力轉移到讓你有這種感覺的人身上。例如有人對你說：「你今天看起來很漂亮喔！哦，你現在看起來有點緊張呢。」這時請不要說：「你為什麼這麼認為？」或「少來！」相反的，請試著說：「你從哪裡找來那件襯衫的？」來將注意力轉移回對方身上。或者可以說：「你為什麼站在那裡看著我？」把注意力重新轉回對方身上，讓他們留在原地不自在而非你自己。

我們在第一部有討論向內和向外集中注意力的影響，而要擺脫僵住的局面，請在深呼吸和試圖移動身體的同時，將注意力向外集中，用反問問題來給自己創造時間和空間；例如簡單的問：「你為什麼問這個？」就可以突破僵住的困境。請在鏡子前練習、練習、再練習，讓這些技巧內化成為未來遇到這些狀況時，可以協助你的自動反應。

例如貝卡每次在老闆評論她的外表時，都會感到瞬間僵住。她的老闆認為他只是出於友好和閒聊，甚至覺得貝卡結結巴巴的慌亂反應很可愛。但貝卡對自己每次總是會僵住的反應感到無助和羞辱，而且之後她都得花一段時間才能從這樣的打擾中恢復過來，重新開始工作。

我建議貝卡做一些鏡子對談練習。在她進行鏡子對談的第一階段，貝卡傾訴了所有她想對老闆說的，對話充滿了咒罵。我鼓勵她繼續進行，直到她把所有希望自己當下能回老闆的話通通說出來，而這些都是貝卡因為怕丟了飯碗，選擇吞進肚子壓抑著不敢說的話。

等到貝卡覺得這個階段已完成而且覺得筋疲力盡時，我們就開始討論她可以對老闆說的簡短語句，以防止僵住的情況發生。

好比老闆說：「我喜歡妳的裙子。」貝卡可以說：「那真是一件漂亮的襯衫，你在哪裡買的？」將注意力從自己身上移開，轉移回到老闆身上。她在鏡子前辛勤練習了似乎有一百萬次，但也因此得到了回報。有一次貝卡的老闆評論她的襯衫時，她轉過身來面對老闆問道：「那真是一件漂亮的襯衫，你在哪裡找到它的？」他回答：「我女兒送給我的生日禮物。」漂亮的回答！現在貝卡掌握了一個閒聊的話題，而且她也沒有僵住，整個狀況讓貝卡安心多了，她順著話題向老闆詢問他女兒的情況，而這也滿足了老闆閒聊的欲望。

你有沒有想過當自己僵住時會是什麼樣子？薩賓娜・格拉索（Sabina Grasso）是一名攝影師，她曾經歷過焦慮症的折磨，每次發作時就會讓她僵住數小時，她甚至曾在火車站的樓梯上僵坐半天，動彈不得。她在發作期間開始自拍，最終克服了自己的病情。

看著自己處於那樣的無助狀態，反而給了她拿回對自己的控制權所需的自我意識和自我同情。我們常常本能地避免看自己處於脆弱和不舒服的狀態，但事實上從觀察者的角度來看著自己，反而可以讓我們產生力量有勇氣去啟動轉變和療癒。也許我們都應該開始進行療癒自拍計畫！

33

逃跑與從解離中回歸

你是否曾經在鏡子裡瞥見自己，然後當下反應是：「那是誰？」接著可能定睛看第二眼才恍然意識到這是你自己。當我們處於壓力之下，這種經驗更有可能發生，因為我們的身體形象與自我的感受、思想和身體感覺之間存在暫時的脫節。

但有些罹患精神障礙的人，他們會完全失去辨認鏡子裡的自己的能力，這些患者被美國心理學會（the American Psychological Association）歸類為解離和人格解體障礙（disassociation and depersonalization disorders）。患有這類疾病的人可能會避免照鏡子，因為自己的倒影看起來太陌生以至於他們會害怕。但這是怎麼發生的？當人類壓力太大時，大腦的邊緣系統（the limbic part）會暫時停止運作。

腦的邊緣系統負責覺知、體驗現實以及建立與人、地點、事物間的關聯。當大腦的這一部分停止運作時，它就會與自身解離——換句話說，它會拋棄自己。患有這些疾病的人通常有創傷史以及身心受虐的經歷，為了逃避這些痛苦的經歷，他們經常截斷與自己的連結。經常性的解離最終讓他們失去體驗自己的感受、思想和身體感覺的能力，所以現在他們認不出鏡子裡的自己，甚至常常覺得自己是不真實的。

大多數人偶爾也會進行較溫和的解離：如果你曾經在談話中恍神、忘記自己為什麼走進某個房間、或者在冥想時發現你的思緒在一百萬英里之外，那麼你就在暫離狀態。有些人養成了用解離或逃避來面對所有會讓他們產生壓力的事物的習慣，這會使得他們更難以回歸並重新與自己建立深刻的連結。

詹姆斯有發呆的習慣。他來接受鏡子冥想指導，因為他希望自己的意識能有更多時間可以專注在當下與自己和他人相處。當我們剛開始進行鏡子冥想練習時，他會照著鏡子說：「我感覺很不真實。」我回答：「即使這樣也沒關係，請待在自己身邊，如果有任何變化，請讓我知道。」經過多次的練習都是如此，毫無改變，但詹姆斯還是會不斷回來作鏡子冥想，我意識到他喜歡和我待在一起，因為他能感覺到我是真實的，而且我不會對他提出任何要求。直到有一天我靈機一動，建議他用三種不同的視角對著鏡子裡的自己說同一句話：

「如果我是真的……」

「如果你是真的……」

「如果詹姆斯是真的……」

在這個過程中，詹姆斯浮現了一些嚴苛的自我批判和痛苦的情緒，這些都是他一直以來與自己斷聯以避免經歷的感受。

詹姆斯追溯自己發呆的習慣，回溯到童年時他經常被父親喝斥。對一個小男孩來說這是非常可怕的。在現實中他無法逃開，但也無法抵擋這極度的恐懼，所以詹姆斯選擇與自己的身體和感知斷開連結。隨著時間過去，說服自己這一切都不是真的，已經成為避免引發不適感受的慣性。他還會為了避免面對一些艱難的人生選擇課題而讓自己覺得一切都不是真的，例如他現在的工作和人際關係，實際上都沒有給予他成就感。當他開始回歸現實與自己連結，就無法迴避自己的感受，而不適的感覺讓他不得不正視這些事情。

我鼓勵他堅持下去、堅持與自己待在一起。一旦恢復與自己的連結，並理解為什麼以及什麼樣的狀況下他會與自己分離，詹姆斯就可以選擇與自己和各種生活挑戰建立完全不同的關係。透過定期進行鏡子冥想和影片日記，他學會了馴服自己的內在批判者，擺脫威脅感，並能在不舒服的感覺出現時陪伴自己一起度過。

34

停止戰鬥，讓心靈癒合

戰鬥是我們面對壓力的其中一種反應，有多種形式。試想一下，當處於人生巨大轉變的痛苦之中，我們卻還想與自己鬥爭，感覺就像是同時踩下油門和剎車，反而會因抗拒而製造更多壓力和痛苦，最終只是徒勞。

布蘭達是一位五十多歲的迷人女性，但她最近苦於五十肩的症狀，在這種肌肉相關的病症影響下，手臂和肩膀的活動範圍會受到嚴重限制。五十肩的成因通常沒有直接的身體因素，反而與情緒比較相關。

布蘭達最近經歷母親的去世和一段長期戀愛關係的突然結束。她變得很焦慮、不安，並且對自己感到不耐煩。她想開創新事業來讓自己有動力繼續生活，但她卻只能抱怨：「這個該死的肩膀讓我慢下來了！」

她同時還有胸痛的問題，但幸運的是這也是肌肉緊張引發的，並非真正嚴重的病症。布蘭達的肌肉似乎在不受控制的戰鬥著，彷彿在與某種隱形的障礙作鬥爭，這讓她覺得自己只能在原地打轉、一事無成。

我請布蘭達坐在鏡子前，在進行一些靜心和放鬆練習後，我建議她依照自己喜歡的方式移動手臂，她立即用手摀住心口，並且告訴我她每天都是這樣入睡的。她時時刻刻都想保護自己的心——如此強烈的想法，以至於她實際上是在傷害自己。就是這種有意識和無意識的想捍衛自己的心的意圖，引發她的五十肩，讓症狀無法好轉。布蘭達開始與物理治療師合作，放鬆手臂和肩膀的肌肉；她還與心理治療師一起處理自己的焦慮和悲傷；而我指導她如何使用鏡子來了解自己身體和情緒之間的關聯。

我建議布蘭達坐在鏡子前面對自己，然後把手放在心口，就這樣和自己待在一起，不必強迫自己敞開心扉，就只是靜靜的與自己的心待在一起。持續做這練習一段時間後，她開始哭泣，宣洩自己對於珍視的關係終結而產生的悲傷情緒。由於布蘭達害羞於在我面前流露深層的情緒，所以我建議她私下每天花二十分鐘在鏡子前，陪伴自己與她的心。

過了一段時間，布蘭達發現與自己的倒影玩耍很有趣。小時候她就對芭蕾舞有著濃厚的興趣，很喜歡天鵝湖芭蕾舞演員擺動手臂的方式，所以她開始在鏡子裡模仿那些輕柔的、有角度的手臂動作。

她的手臂似乎在表達無法用言語表達的東西，布蘭達看著自己的手臂表達著相反的渴望：做出保護自己的心不受傷害的動作，接著又舒展延伸開來，像是想將愛給予他人。觀察自己的手臂動作有助於布蘭達整合內心互相對立的渴望。布蘭達意識到她的手臂和手的動作在表達愛意和想觸摸另一個人、也表達了自己想擁抱他人和被擁抱的渴望，這些理解化成淚水，突破了她內心的屏障，也讓深埋的情緒得以釋放。

試試看

1. 回想一下在生活中那些你試圖對抗並推動自己——或者推動一些停滯不前的事物——卻讓你感到沮喪的時候。請在影片日記中談論這些經驗，嘗試找出當談論這些事情時，你的身體感到阻力最大的部位，接著把呼吸專注在那裡，同時仔細的看著鏡子裡的自己，試著聆聽你的身體想對你訴說些什麼。
2. 查看你的影片日記，重點觀察你的手勢和身體動作，是否有觀察到什麼模式？例如，你如何用手來表達自己的感受？

在鏡子前用各種手勢實驗看看：你的手會想怎麼動？它們講了什麼故事？

第六部

探索情緒的安全空間

35

情緒如何被看到

能讓我們在與人交流上產生滿足感的，往往是覺得被看到、被聆聽和得到反映（reflected）的時刻。這是為什麼？

複雜的臉部表情和肢體動作往往是精采的人際對話中不可或缺的元素。人類有一種與生俱來的能力，在與他人交流時，會將對方的肢體動作和臉部表情與自己的感覺連在一起，因此當我們與他人進行面對面交談時，經常會不自覺地模仿對方的動作和表情，尤其是面對我們喜歡的對象時。該現象就稱為「社群擬態」（social mimicry），會在人與人會面互動中自然發生。

我們通常會下意識模仿當下與自己互動的人的情緒表達，透過這種方式彼此反映，而在此過程中，我們會覺得自己被看到、被聆聽還有被認可和接納。

即便只是觀察他人的情緒狀態，也會觸發我們的鏡像神經元（mirror neurons）。

當看到某人的情緒狀態時，自己腦中處理相同情緒狀態的神經元部位也會被觸發而啟動類似的情緒，就好像你也走過相同的情緒歷程。

我們從幼年的面對面接觸，開始學會了解自己的情緒。我們透過他人的非語言反饋（例如社群擬態）來了解他人會如何回應自己不同的情緒。慢慢地，我們學會了表達情感的社會規則；大部分人都知道，在公共場合需要隱藏某些情緒——尤其是恐懼、憤怒和悲傷等所謂的「負面」情緒。我們可能還會發現，當自己強烈表達這些負面情緒時，人們往往會避免反映這些情緒，他們可能會不自覺地模仿一、兩秒鐘，隨即便把目光移開。

當意識到他人的情緒時，我們會根據過去的經驗做出反應和選擇，例如看到一個孩子在害怕，通常我們的自然反應是去保護他們，而不是站在那裡模仿他們的情緒；如果有人難過，我們可能會做出安慰的手勢，而不是只用悲傷的目光回看著他們，從而加重這股悲傷的情緒；當有人生氣時，我們可能會視情況而盡量避免直視他們，或是嘗試安撫他們。直接反映他人消極或痛苦的情緒往往是不明智的，因為這樣只會讓我們和對方感覺更糟。

我們從早期經驗中學習到顯露這些負面情緒是不好的，甚至在感受到自己有這些負面情緒時，我們還會自我批判。然而不僅是對其他人想要與我們分享的感受，我們也需要對自己和自我的所有感受都能感到自在，所有情緒都需要被反映，來讓自己感受、接受並將它們融入到生命體驗中。因為我們是人，所以我們應該可以體驗人類所有的情感，即使其他人覺得某些情緒令人不舒服或無法接受。

社會經驗告訴我們，有負面情緒的人不夠討喜，因為如果我們處在負面狀態，那一定意味著我們不夠好，而不夠好的人是不會讓人喜歡的。

讓人們有可遵循的情緒表達是社會功能不可或缺的一環，但在這樣的過程中，我們可能會變得善於隱藏自己的真實情感，以至於與真實自我斷聯，或者認為自己有義務成為一名偽裝者，必須隱藏真實感受，在任何狀況下都得展露愉快的表情。

鏡子和影片日記可以創造一個讓你探索情緒的私人空間，不必擔心被他人批判或必須面對別人的反應。在這個安全的空間，你可以充滿好奇心的探索自己的情緒，不需要嘗試改變或修復它們——甚至不需要為它們找到理由，你可以讓自己單純的去感受情緒。

本章節會介紹可以協助我們探索情緒的練習。透過那些苦於接受、表達和管理情緒的人們的真實故事，來展示這些練習如何能協助人們處理痛苦的情緒並建立更好的情緒彈性。

36 社會表達規則

你的臉部表情隱藏得有多好？

人們用臉部表情來表達情感。在社交互動中，我們用臉部表情來告訴他人自己希望對話如何進行。但我們的臉孔可能無法反映內心深處真實的感受，因此當你與鏡中的自己建立關係時，可能會發現自己的情緒並沒有實際顯現在臉上。

透過社會化，我們學會了表達情緒的社會規則，導致我們會有意識地篩選自己所表現出來的情緒，而不是自發性的表達。遵循社會情緒表達的潛規則是人們參與社會運作重要的一環，但這個過程會讓人變得擅長隱藏自己真實情緒，以至於可能會與自己的真實感受失去連結。然而，一股腦地與他人分享我們所有的情緒，也會產生問題和誤解，同時還必須處理和面對其他人對自己情緒的反應。

微笑是我們在社交互動中為了向他人傳達意圖而最常使用的社會表達規則（social display rules），每個人都懂得如何假笑。我們從幼年與人面對面交流中，學會判斷表露或隱藏自己真實情感的時機。父母本能地希望保護子女免於遭受負面的社會經驗，因此會鼓勵和獎勵孩子多展現能促進他人認可的情感表達，因此，身為孩子，我們習得能夠獲得社會認可的特定行為表現，培養社交微笑，用來隱藏他人無法接受的情緒，這就是社會化的一部分。

社交微笑通常會在我們還來不及意識到時就會自動觸發，例如你可能會在面對社交聚會中的無理言論時反射性地露出微笑，好阻止自己表現出惱羞或憤怒的情緒。在公共場合感到緊張時，社交微笑也可能也會被觸發，這是因為意識到自己正處於公眾目光下。

我們還會用刻意的微笑來促成人際交流，例如發現有人對自己有戒心，我們可能會向對方展露令人安心的微笑；或是對著房間另一頭充滿魅力的陌生人微微一笑，向對方展現可交流的善意。

我們的日常人際交流中通常混雜了真實微笑和社交微笑，人們使用社交微笑來管理他人對自己的反應。社會對微笑的期待會因性別和文化而異，一般而言女性較容易被審視和物化，她們的臉孔常被人們用吸引力和友善度來評價，因此女性會比男性還常被鼓勵要多微笑，似乎無論是形象顧問還是街上的陌生人，每個人都有權利建議女性要多微笑。「天生臭臉」（resting bitch face）這個詞最常被歸於女性，似乎是指女性在放鬆自在的狀態，而且不用與他人接觸時，也應該保持嘴角上揚的愉快表情，如果不是，她們就是壞女人。

怎麼判斷情緒是否真實？

研究發現，觀察者主要依靠眼睛和嘴巴的區域來辨別情緒[47]。臉部的不同區域可以觀察到不同的情緒，當整張臉都可見時，悲傷和恐懼最容易展現在眼部區域上，而嘴部區域則可以更明確的觀察到厭惡和快樂的情緒。臉部的這兩個區域可以單獨工作，也可以複雜地協調合作來展現情緒。

研究發現，眼睛中難以隱藏真正的情感[48]，然而嘴部動作卻可以協助隱藏眼中的微表情（micro-expressions）。當我們遇到不喜歡的人時，可能會暫時表現出反感的厭惡表情，然後強迫自己展露微笑打招呼。研究人員想知道這些假表情是否能有效隱藏真實情緒，而他們發現後續的嘴巴動作可以成功地掩蓋眼睛中短暫的真實情緒變化，這個真實情緒變化也被稱為微表情（micro-expressions）。

眼中露出真誠的笑容。臉部表情研究人員發現，刻意的社交微笑與感受到幸福或快樂時自然出現的真實微笑之間存在明顯差異。展現社交微笑時僅限於嘴部肌肉的範圍，但發自內心的真實微笑，是無法用意識和指令控制的表情，又名「杜鄉微笑」（the Duchenne smile），命名源自一位發現它的法國解剖學家。展現這個動作時需要嘴巴和眼睛區域的肌肉，所使用的臉部肌肉稱為眼輪匝肌（orbicularis oculi），所以好玩的是，在眼睛周圍的皺紋中我們反而可以看到真誠的微笑。

因此，我們的臉部表情既是真心的，也可以是非真心的。真心的表情是自動發生的，如實反映出內心的情緒狀態，比如真心感到快樂時的微笑。但我們也可能會有意識地改變自己的表情，以符合文化和社會的期望。

試試看

通常人們第一次做鏡子冥想時，會反射性地對自己微笑，這本身並沒有對錯，但我邀請你帶著好奇心的問自己：「這是社交微笑嗎？」、「是不是一種試圖讓你和他人放鬆戒心的姿態？」、「是露出微笑來避免不知該做什麼的不自在？還是代表你對自己的認可、愛和尊重的眞誠微笑？」

讓自己坐在鏡子前十分鐘，臉上保持完全中性的表情，放鬆所有臉部肌肉，感覺臉部肌肉都鬆弛下來後，觀察自己有什麼感覺和會發生些什麼，然後錄製一部影片日記來自述這次的體驗。

37 洞察自己的真實感受

人到底擁有多少種不同的情緒？這個問題的答案一直有待商榷。一九七〇年代，心理學家保羅・埃克曼（Paul Ekman）定義了六種人類基本情緒，他認為這些情緒伴隨著人類的進化史，因此在各階段的歷史文化中人類都會有這六種基本的情緒經驗。這六種情緒分別是：快樂、悲傷、厭惡、恐懼、驚訝、憤怒和鄙視。但他和其他研究人員後來持續擴增這份清單，而且研究人員發現，各種情緒之間並非全然相異和獨立，人們會體驗到不同強度的情緒，而不同的情緒交織在一起，還會形成獨特的情緒。沒有一種情緒是一座孤島，它們彼此之間關係微妙而復雜，交織形成多采多姿的人類情感生活。

雖然人類的情緒如此繁多而複雜，但接下來的重點將單純聚焦在鏡子冥想可以協助處理的相關情緒。我與學生們一起研究並開發了一些技巧，來協助人們管理恐懼、憤怒、悲傷和快樂的情緒。

先聲明：這些練習的確可以協助當事者在可控制的情緒強度範圍內處理情緒，如果你感受到的負面情緒強烈到擋不住，建議尋求有執照的治療師或相關專業人員來協助處理這些情緒。例如，在本書中我們可以一起練習處理煩躁和輕微的憤怒，但如果你擔心自己的憤怒會讓你想傷害他人或自己，建議立即去尋求專業機構和人員的協助。

同樣的，如果你感受到強烈且沉積已久的悲傷，那很可能需要找專業心理醫生來評估是否為憂鬱症，並進行專業治療協助。長期的恐懼情緒，可能是創傷後壓力的症狀，也應尋求臨床心理師等專業人員來協助治療。

在第五部中我們已經討論過在日常中常見的，因焦慮而產生的恐懼。因此在第六部中，我們將探討幸福、憤怒和悲傷的情緒。我發現憤怒是最有可能向他人隱藏的情緒，甚至是對我們自己。如果我們用鏡子來觀察，憤怒會以各種面貌出現在鏡子裡。在上一節中，我們討論了憤怒和恐懼的混合體，例如戰鬥－逃跑－僵住反應中的戰鬥。而在此段落，我們將探討其他形式的憤怒，還有憤怒如何影響我們對他人的看法。

但首先讓我們先把注意力轉向快樂。

快樂

在所有情緒中，快樂往往是人們最渴望得到的。快樂通常被定義為一種愉快的情緒狀態，其特徵是滿足、喜悅、滿意、幸福和安定感。快樂通常會透過臉部表情來呈現，例如微笑、放鬆的身體姿勢、以及輕鬆愉快的語調。

對人類社會而言，表達快樂具有非常重要的社會功能意義，是人們交流時釋放善意的信號，也是表達自己和確認對方不具備威脅性的重要指標情緒。

快樂等愉快的情緒會激勵我們去做對自身物種生存有益的事情，例如繁殖和撫養孩子。追求快樂往往是我們生活的重要動力。

然而，如何才能得到快樂的概念五花八門，人們不斷接收各式各樣如何讓自己快樂的訊息，我們可能會依據自身的能力來評估自己是否值得快樂，甚至可能會與他人競爭，以證明自己有資格比別人更快樂。

即使面對鏡子裡看似快樂的自己，我們依然很難允許自己感到快樂，也許是因為在成長過程中接收到的訊息是對自己感到滿意是不被接受的，你可能覺得自己必須不斷進步，太過滿足快樂反而是自己哪裡有問題的徵兆。

開心時看著鏡子裡的自己，反而可能會引發自我批判和其他情緒，在鏡子前陪伴自己體驗快樂的情緒是一種釋放，也是非常具有啟發性的練習。

悲傷

悲傷是每個人時不時都會經歷的一種情緒，這是人們面對失去重要人、事、物的自然情緒反應。導致悲傷的原因往往因人而異，面對失去的態度也會因文化而有很大的差異。

悲傷的形式有很多種，例如失望、悲慟、絕望、冷漠和沮喪。在某些情況下人們可能會經歷長期而嚴重的悲傷，進而轉為憂鬱症。度過悲傷的方式也因人而異，包括哭泣、情緒低落、疲倦、沉默和遠離他人。

悲傷的臉部表情很容易辨認，而且很難偽裝。因為悲傷的一個明顯的臉部特徵是眉毛內角向上傾斜，而這區域的肌肉是很難人為自主控制的，因此與其他臉部動作不同，假裝不悲傷是特別困難的一件事。

悲傷這個情緒的主要功能是發出求救信號。悲傷的臉部表情可以向他人發出信號，表明我們需要安慰，或需要一些時間從失去中平復過來。但在社會表達規則之下，當人們覺得悲傷時展露情緒以尋求幫助卻是困難的。

當我們發現他人陷入悲傷時該怎麼做也很棘手，例如有人因為失去親人而悲痛，我們很難知道要直接表達同情和關心，還是用別的話題分散他們的注意力會比較好，無論哪種方式，都有可能讓自己陷入尷尬或被認為不得體的窘境，所以假裝沒有注意到他人的悲傷可能是個較為簡單的策略，但諷刺的是，這種禮貌性的社交迴避，反而會導致陷入悲傷的人感到更孤獨，這就是為什麼用鏡子協助自己面對悲傷，並且視悲傷為正常情緒是如此的重要。人們通常會因為怕自己不堪負荷而迴避悲傷的感覺，事實上，接受甚至擁抱悲傷的情緒，反而會讓我們更有力量。

有些人從悲傷中得到快樂，甚至可能會刻意尋求悲傷；而有些人卻是極度厭惡這種情緒，並竭盡全力避免可能引發悲傷的情境，這甚至會導致這一些人避免依戀或做出承諾，因為這會增加經歷失去和悲傷的風險，這一點稍後會在第八部加以探討。

憤怒

憤怒是種非常強大的情緒，遇到對他人有敵意、被刺激、覺得挫折、與他人對抗等狀況時，都會浮現憤怒的情緒。與恐懼一樣，憤怒也會影響身體的戰或逃反應，當面對威脅而產生憤怒情緒時，人們可能會傾向於抵禦危險並保護自己。

憤怒通常藉由臉部表情展現，例如皺眉或怒目而視、刺耳尖銳的語調，身體會採取強硬姿態或轉身離開。憤怒會讓你的眉毛向下並且蹙合在一起，瞪著眼睛，收緊聚攏嘴角，但如果你有意識地（或無意識地）壓抑怒氣，憤怒的表情是能被人為控制到不那麼明顯，可能只會在一瞬間的微表情中一閃而過。

進入憤怒狀態的典型身體感覺包括發熱（就像是英文用 seeing red 一詞來形容暴怒）、出汗、肌肉緊繃、咬緊牙關和握緊拳頭，還可能會讓自己身體前傾，頭部或下巴向前突出，並挺起胸膛或身體好讓自己看起來身形更龐大。

雖然憤怒通常被視為消極情緒，有時卻具有正向意義，可以協助我們釐清在關係中的需求，也可以激勵我們在困擾中採取行動並找出解決方法。

但是當憤怒以過度、不健康或對他人有害的危險方式展現時，就會是個嚴重的問題。不受控的憤怒很可能會快速轉變為實質的攻擊、虐待或暴力行為，而且不受控制的憤怒會讓人難以理性做決定，甚至會影響身體健康，所以我們必須學會管理自己的憤怒。

與悲傷一樣，避開盛怒的人往往比直接面對他們更容易，所以很多人並不願意看到自己或他人的憤怒。鏡子冥想可以幫助你了解自己的憤怒情緒，並且用有建設性的方式來駕馭它。

從日常生活中的社交方式到影響我們的決定，情緒在我們的生命中扮演舉足輕重的角色。透過認識不同類型的情緒，可以了解我們如何產生和表達這些情緒以及對自己行為的影響。

試試看

對於在不同情緒狀態的自己及如何表達這些情緒，你可能已經擁有一些既定的信念。你可以在影片日記中，透過完成以下的句子練習來探索這些信念：嘗試使用三種不同的陳述角度，練習對每種情緒都試著完成這些句子，而且要反覆陳述直到覺得已經用盡了所有能想得到的句子。

當我快樂時，我……

當你生氣時，你……

當塔拉難過時，她……

然後中立、開放、帶著同情心的回顧這影片日記，看看你能從中發現什麼。

思考一下正處於情緒狀態和擁有情緒之間的區別。

如果我擁有很多的快樂，我……

如果我擁有很少的快樂，我……

如果你擁有很多的憤怒，你……
如果你擁有很少的憤怒，你……
如果塔拉擁有很多的悲傷，塔拉……
如果塔拉擁有很少的悲傷，塔拉……

38 情緒勞動和真誠

大學時期在餐廳打工當服務生時，我得為顧客講解自製沙拉的配料。每一次我都得帶著燦爛的笑容，用歡快的語氣說：「綜合蔬菜沙拉，拌入濃郁的凱撒醬，佐以藍紋乳酪和培根塊！」、「我幫您把它放在旁邊，服務您是我的榮幸！」而且我講了肯定有超過百萬次，因為即使過了這麼多年，我對這些話還是記憶猶新。

在商業和社交互動中，通常會期待人們能用愉快和積極的態度來創造良好的互動，當我們實際上並沒有那種愉快的感覺時，就會產生壓力或負擔，這就稱為情緒勞動（emotional labor）。

字典上解釋情緒勞動是人們藉由管理自己的情緒和表達方式，使其與工作的要求相符合的過程。更具體地說，人們需要在與客戶、同事和主管的互動中調節自己的情緒，這包括有時得表現出當下並非真實的情緒，例如聽到被分配到一個新專案時所展現出的熱情；或者當面對客戶抱怨時展露出的歉意，即使內心知道那並非自己的錯。

情緒勞動還包含壓抑真實的感受，例如面對顧客的辱罵產生的憤怒；或者當不誠實的同事被逮著時內心的欣喜。而這一切都是經由自主的和策略化的控制才能完成，目的是讓消費者或顧客有良好的體驗和感覺，讓工作能順利達成，同時保住自己的飯碗。

情緒勞動也可能與身為家庭成員、維持伴侶關係、以及承擔照顧孩子的責任的情緒負擔有關。女性通常更容易承擔情緒勞動的角色，她們往往需要細膩地覺察別人的感受，還要以讓對方感覺良好的方式行事，無論她們實際的感受如何。

涉及情緒勞動的工作，通常被定義為需要與公眾進行面對面或語音交流的工作，這類工作者會被期待能引導他人進入某種情緒狀態，例如要讓顧客愉快、滿意。

人們可以透過兩種不同的方式進行情緒勞動：**表層扮演**和**深層扮演**。表層扮演指的是員工並不改變實際感受的情況下，去表現出工作所需的情緒。例如實際上我對於整晚得以服務生的身分為客人做沙拉並不是太開心，但我依然微笑著讓客人感到尊榮與被重視。

深層扮演是更費力的過程，因為員工得改變自己的深層感受，去產生更自然和真實且符合組織期望的情感表現。好比我們的私人生活正經歷著辛苦的課題，通常會感到沮喪，但我們可以花幾分鐘時間將個人感受放在一邊，並記起自己工作的初衷、喜歡這份工作的原因、自己的工作職責是什麼，以及如何為他人的生活做出積極的貢獻，然後用這份心念來支持自己的行動。

表層扮演和深層扮演都是為了達到相同目的：滿意的客戶和正向的收益。然而研究表明，表層扮演對員工的健康危害反而更大[49]。這說明了情緒上長期表裡不一，會對人們的身心健康產生負面影響。

對此，我們又可以做些什麼？

首先，請選擇一份你喜歡並且符合自己價值觀的工作。如果這點不可行，那麼請嘗試用鏡子來進行深層扮演練習：先呼吸，讓自己專注在身體的感知，然後設定一系列可以提醒自己著眼更大目標的肯定語，並用此來進行自我對話。另外，請確保自己擁有可以表達真實感受的良好管道。

克拉拉在服務業工作，當她聽了我大學時期的服務生故事後，覺得非常有共鳴，因為她需要當服務生來支付大學費用，雖然知道這份工作不會是永久的，但她討厭這份工作，還開始變得麻木和煩躁，因此克拉拉來接受鏡子冥想的指導，想獲得一些支持。

我建議她做深層扮演練習，但在這之前先拍攝影片日記探索自己內心的真實感受。我請她每天晚上下班後，拍攝十分鐘的影片日記，來表達腦中想法和內心感受。

事實證明，這對克拉拉來說是非常有用的練習，因為在這之前，她並沒有意識到一些顧客的評論居然有這麼深的影響，或是整夜保持微笑對她造成多大的壓力，在深夜拍攝影片時，她可以感覺到臉頰在發疼，克拉拉之前甚至沒有注意到這些。她經常在鏡頭前訴說超過十分鐘以上，有時只是透過大吼大叫來釋放壓抑整夜的情緒。

之後在平靜、中立的狀態下觀看這些影片日記，克拉拉對自己感到同情，也感激如此努力想做好工作的自己。最終，她開始可以用幽默的態度面對客人古怪的要求，因為影片日記給予她更廣闊的視野，讓她學會輕鬆地面對這一切。

39

面對憤怒

凱瑟琳是我多年的同事，她在一次我發表鏡子冥想的演講和示範活動後來找我，因為她說自己在鏡中看起來很憤怒，而她過去從未見過自己這一面。

凱瑟琳平常的舉止有些嚴厲、咄咄逼人，所以她可能是最後一個知道別人對她是什麼印象的人。事實上，大家都很怕她，因為她總是皺著眉頭，緊抿著嘴巴，眼神銳利，看起來很刻薄的樣子。

「我的丈夫和孩子們總說我看起來很刻薄，你覺得我看起來有嗎？」唉，這真是難以回答的問題，但好在我知道鏡子有一百萬種可以扭轉局勢的方法，所以我簡單地回道：「妳在鏡子裡看到什麼？我可以協助妳，讓妳自己得到答案。」

當凱瑟琳來接受鏡子冥想指導時，我請她回憶生命中關於憤怒和刻薄的經驗，她告訴我，她似乎總是在生氣，好像無法控制自己的脾氣。小時候，凱瑟琳的父母會很快退讓或不惜一切代價安撫她的情緒。她在學校非常優秀，由於表現出色，又是女生，所以她從未被貼上行為問題孩童的標籤。

後來凱瑟琳嫁給了威爾，他是一個超級聰明、和藹可親的人。威爾自豪於自己有能力面對難相處的人，尤其是女人，所以他把凱瑟琳視為挑戰，覺得她很刺激，他也喜歡被她需要。威爾通常能平息因為凱瑟琳的魯莽而引起的爭端和他人的不悅。他覺得她偶爾的爆發很迷人，他們只是為每個人的體驗增添了一些戲劇張力罷了。

而在凱瑟琳的心目中，她只是對人誠實和直率，不想在不必要的細節上浪費所有人的時間，而且，偶爾挑起事端能有什麼壞處呢？

當凱瑟琳第一次嘗試鏡子冥想時，當下的體驗讓她發生了轉變，還想了解更多一點。她說：「我看起來很生氣，連我自己都差點被嚇到了！」語畢她笑了，但緊接著又嚴肅起來：「我想知道為什麼。」

但如同在第三部提到的，當我們試圖改變時，詢問事情發生的原因並不是很有幫助，所以我並不想和凱瑟琳一起被她生氣的原因困住，因為我敢肯定，在她的生活和世界裡總是可以找到許多值得生氣的事情，我只想專注於現在可以做的：她希望自己活在什麼體驗中？她希望自己的臉在丈夫和孩子面前看起來如何？

但首先，她必須坦然面對自己的憤怒。

當凱瑟琳坐在鏡子前時，她的情緒轉為激動，似乎想推進這個體驗，而不是專注在當下，讓一切順其自然展開。我建議她練習坐在鏡子前五分鐘，然後試著每天增加一點時間，十分鐘、十五分鐘到二十分鐘。她需要不受干擾，獨自進行鏡子冥想，因為她一直都依靠他人來平息每一次的沮喪或負面情緒，她的憤怒也會激化自己對別人進行言語攻擊。

憤怒很容易對自己和他人造成傷害，心理學家尚不清楚這種想造成傷害的渴望是憤怒的核心還是後天習得，但已知的是，造成傷害通常是憤怒的過程之一，還會讓我們惹上麻煩。當凱瑟琳親眼看到自己陷入憤怒，想要出口傷人時，她就能夠打破這循環。

後來她找了一位專門從事憤怒管理的心理治療師，加上正念鏡子冥想練習，這些都能協助增強她面對事情時選擇如何應對的能力——因為讓她常常惹上麻煩的不是憤怒本身，而是表達的方式。

凱瑟琳在家中布置了一個安全、不被打擾的空間，可以讓她每天在那裡進行鏡子冥想。在每日的鏡子冥想練習中，她對自己的憤怒有了更深的理解，同時也自然而然發現許多讓她憤怒的原因，完全不需刻意尋找。

她意識到，當自己需要空間或感到無助時，就時常會生氣。此時的憤怒往往是因為脆弱和無助；凱瑟琳因為感到無助而勃然大怒，不相信有人會幫助她，甚至覺得每個人都在躲她、害怕她，讓她的怒火更上一層樓，怒火之下則是深深的恐慌和無助。

凱瑟琳為自己創造了一個安全空間，陪伴自己在鏡中看到這個行為模式，並且讓自己在鏡子前盡情哭泣和驚慌失措，進而得到療癒。她還和治療師一起努力改變這模式，當她開始感到煩躁時，就會關注自己的情緒、傾聽並覺察表面下的真實感覺。

附帶一提，許多人可能聽說過宣洩（catharsis）療法，這是一種用來處理隱性憤怒情緒的方法。用一個物件來代表你（還在）生氣的人，無論是父母、兄弟姊妹、前老闆還是合作夥伴。例如用一個枕頭來想像讓你火大的人，然後把它痛打一頓。

理論上來講，這樣可以安全地將壓抑的憤怒釋放到治療師辦公室的枕頭上，然而研究表明這種宣洩方式實際上會讓人更加憤怒[50]。

直接面對憤怒和憤怒之下所保護的脆弱情緒，雖然並不容易，但卻不失為一個更好的選擇。你可以找一位專門從事憤怒管理的治療師，讓他陪伴、支持你進行深入探索。

40

面對悲傷

安柏的父母都有閱讀心理學的書，這些書籍教他們用給予關注的方式來獎勵孩子學會他們認同的行為，並透過刻意忽略孩子來遏止不良行為，因此安柏幼年就是透過這樣的獎懲機制來學習如何恰當行事。

安柏的父母並不滿意自己的情緒，因此強烈希望安柏能成為一個快樂的小女孩，所以當安柏開心的咯咯笑時，她就得到了父母的關注和讚美；當安柏不高興、哭泣、皺眉和大驚小怪時，她的父母就不理她，除非她恢復開心的模樣。

小時候的安柏學會如何引起父母的關注，隨著年齡增長，她發現讓自己看起來快樂和保持微笑能吸引更多有趣的人和機會。但唯一的問題是，安柏是人，她會感受到人類所擁有的所有情緒，尤其在年輕時更是如此。

最近她開始無法確定自己真實的感受，只感到筋疲力盡、孤單無助，她已經厭倦裝出無憂無慮的樣子，而且花越來越多時間獨自思考著過去。因此她來找我接受鏡子冥想指導，想更真實地了解自己與他人的關係。

進行鏡子冥想時，安柏立刻浮現對著鏡子裡自己微笑的衝動，我建議她專注放鬆臉部，讓臉上所有肌肉都鬆緩下來，「我沒有任何感覺，我做不到！」她回答。

我向她保證，就算沒有任何感覺也還是能進行鏡子冥想，這反而可能正是她開始練習鏡子冥想前需要的，我建議她每天抽出二十分鐘讓自己坐在鏡前，除了與自己相處這二十分鐘之外，別無任何目標。

安柏接受過許多心理治療，已經明白自己的成長過程對成年後生活的影響，但是面對鏡子裡的自己，讓她有了更深入的自我覺察，她發現自己對於「沒有感覺」會有非常強烈的自我批判，並意識到幼年時期父母的訓練：「時刻面帶微笑，以防自己被他人忽視」的想法依然深深影響著她，使安柏堅信自己必須隨時保持心情愉快，否則就不會被喜歡、被接受或不值得被關注。照鏡子激化了她幼年被灌輸的訊息，那就是——內在只有快樂和愉悅才能被關注。

安柏在接受心理治療的同時也進行了鏡子冥想。她發現當自己在孩提時期感到痛苦時，得到的支持竟是如此的少，以至於她長大後漸漸變得麻木，沒有辦法處理自己的感受，就好像她對自己而言是個隱形人一般。

在童年的教養過程裡，安柏習得，負面情緒會導致人們離她而去，在此過程中，她失去與父母的連結，也失去了與自己的連結。現在她與自己的治療師建立了情感連結，治療師接受並歡迎安柏的所有情緒；而鏡子則幫助她與自己建立相同的情感聯繫。

隨著安柏更加專注於自我的探索和成長，一種難以抗拒的悲傷感襲來，她感受到自己早已失去父母的愛，以及她過往總是在朋友關係中退卻，覺得自己無法留住任何朋友，因為人們最終會發現原來她是這麼不快樂的人。安柏總是感覺自己不夠好或不夠快樂，所以無法對他人做出承諾。她現在需要面對因為失去這些機會而產生的悲傷，並接受自己過去的所有決定。安柏以前認為自己需要一直保持快樂的情緒，但現在的她明白時時刻刻假裝快樂是行不通的，所以她不想再嘗試了。

安柏與自己坐在鏡子前，無法自止地開始哭泣，悲傷的感覺湧現像是個黑洞，讓她陷入越來越深的悲傷深淵。安柏的治療師幫她憶起，小時候每當自己陷入困境時，她感覺就像是被父母拋棄一樣，這讓她學到沮喪是很危險的，因為如果她需要幫助，不會有人在身邊支持她。而遺忘這些「學習」需要時間，她需要練習去接納別人給予的支持，同時透過鏡子冥想來學習如何支持自己，這是安柏的療癒之路的關鍵。

第七部

自戀教會我們的事

41 照鏡子與自戀

當開始推廣鏡子冥想時，我會去曼哈頓參加一個團體聚會，這聚會裡有很多來自健康和冥想相關領域的人，每當告訴他們我正在研究用鏡子作為冥想的工具時，不止一次遇到有人會眼裡閃過一絲憤慨，說道：「那是自戀！」然而，相較於遭遇到的批評，我經常會收到電子郵件或評論：「嘿！我試過鏡子冥想，它真的很強大，謝謝！」

雖然我內心深信這個計畫值得發展，因為我親眼見證了鏡子冥想對人們的顯著幫助，然而有時還是不免感到一絲懷疑：盯著鏡子看真的很自戀嗎？

當然，你已閱讀到這裡，希望我已經成功說服你事實並非如此了。在針對鏡子和自戀之間的關聯進行大量調查之後，我發現了一些為什麼人類對自己的自我形象有複雜感受，以及「自戀」這個詞為什麼會讓人們如此情緒化的原因。

也許你看過這幅經典畫作，描繪的是納西索斯（Narcissus）在清澈水池中凝視自己的倒影，然後深深的迷戀上自己的故事。在本章節中，我將分享對著鏡子凝視自己的倒影和自戀之間的關聯的見解，你會發現從這些關聯中可以學到很多東西。例如自戀者試圖在鏡中尋找的僅僅是人像，而不是觀察異常，缺乏同理心和同情心是自戀的基石。透過理解這些差異如何產生，將可以讓我們更好的了解自己並培養對他人（包括那些自戀者）的同理心和同情心。

「自戀者」（Narcissist）是一個經常被使用的詞，事實上如果你上谷歌搜索，會得到超過六千萬個結果，所以人們對這個詞的關注根本不是一時興起而已。

到底什麼是自戀？字典將其定義為對自我或自己外表過度感興趣或欽佩。但是當人們說：「哦，那個是個自戀狂！」時，通常是指對方呈現自戀型人格障礙（narcissistic personality disorder）的某些特徵，而要被診斷為NPD（自戀型人格障礙），必須表現出以下特徵中的至少五項：

- 對自我重要性（self-importance）的自大感。例如誇大自己的成就與才能，在不相稱的情況下，期待被認為是優越的。
- 沉迷於無止境的成功、權力、優秀、美貌或理想愛情等幻想中。
- 相信自己是特殊的和獨特的，只能被其他特殊或地位崇高之人所理解或應該與這些崇高之人有關聯。
- 過度需要被崇拜或讚賞。

・覺得自己具有特權，例如會不合理的期望得到特殊待遇或他人該自動順從自己的期待。
・人際關係上會剝削他人，例如佔人便宜以達到自己的目的。
・缺乏同理心或不願意去辨識或認同他人的情感與需求。
・經常嫉妒別人或認為別人在嫉妒自己。
・表現出自大、傲慢的行為或態度。

你可能對小說、實境秀和現實生活中出現的自戀型人格模式非常熟悉：誇大其詞並期望得到更好的待遇，欺凌、操縱和剝削他人、覺得自己是特權階級以及強烈需要被崇拜。但其實只有百分之一的人被診斷出典型的自戀型人格障礙[51]，我們通常只會看到較溫和版本的自戀型人格。

自戀者的關鍵特徵是缺乏同理心，而人們透過面對面的接觸學習同理心，所以這是個有趣的巧合：自戀者似乎喜歡在鏡子裡看自己的形象，但他們無法看清他人。

為什麼人們對自戀者這麼有興趣？我們可以從他們身上學到些什麼？自戀和鏡子之間有著獨特而緊密的關聯。人們對這迷人的人物有濃厚興趣絕非偶然，因為這與我們對愛和接受真實自我的強烈需求有關——也就是被準確反映（accurate reflection）的需求，對於許多人來說，這種需求常常得不到滿足。這是一種我們共有的失落感受，但往往不知從何而來。

前面討論過被反映（reflection）在個人的成長歲月中的重要性。在成長過程中，大多數人都曾有過無法被準確反映的經歷，這些經歷的頻率、程度和強度以及與其他生命經驗的平衡程度，會影響我們個性的形成。許多因素會促進自戀傾向的發展，其中大部分與父母（和其他人）沒有給予孩子真實的反映有關，父母可能給予過高的讚賞，與現實孩子的評價無法平衡；或者父母可能對良好的行為大為讚揚，而對不良行為過度批評；也可能會因為看到孩子出眾的外貌或能力，成人就過度地表揚或放縱這個孩子。這些都可能讓孩子相信自己是強大的，因為他們的行為能引起他人如此強烈的反應。

發展出自戀傾向的孩子也可能是因為經歷不可控或不可靠的照顧，例如情感虐待或心理操縱。上述因素的任何組合都可能是形成自戀的原因，最終的結果可能是孩子成長為一個對自己沒有真實認知的成年人，他們本質上並不了解自己真正的優勢和弱點，也沒有精準覺察自己的行為如何影響他人的能力。

近代心理學家觀察到成人和兒童的自戀傾向普遍上升，一個因素是自尊計畫（self-esteem programs）的盛行，這些計畫提倡高度自信的建立應該側重於自我形象而非經驗，人們應該練習只關注自己優點，忽略任何缺點。

問題是，透過正向的肯定語和口號、內建漂亮濾鏡和修圖功能的自拍應用程式等來提升自我價值，會繞過培養情緒彈性和真正自信所需的經驗。研究表明我們不能透過屏蔽失敗來保護自尊，事實上要培養真實的自信和自尊，反而必須充分體驗成功和失敗、勝利和失望。

試試看

1. 回想在生命中被他人如實反映和不正確的反映的經驗，錄製五到十分鐘的影片日記來描述這些經歷。是否有任何家長或老師讓你覺得自己被如實看待？那是怎樣的經驗？這經驗又對你造成何種影響？
2. 接著回憶那些沒有如實看待你的人和經驗，感覺如何？請試著分別以第一人稱、第二人稱和第三人稱的角度講述這些故事，看看會給你帶來什麼不同的見解。
3. 反思你對自戀的態度和感受。你認識任何你認爲是自戀者的人嗎？是什麼讓你覺得對方很自戀？在你們的關係中，你希望他們有什麼改變？

42

同理：感受對方的感覺

自戀的特徵是對他人缺乏同理心和同情心，沒有了這些，人就會陷入自私的循環，失去建立良好親密關係的機會。透過了解同理心和同情心如何發展，我們就能發現一些關於自己內在需求的重要線索，以及當所愛的人沒有以同理心和同情心看待我們時，我們為什麼會覺得如此沮喪。

「同理心」（empathy）和「同情心」（compassion）這兩個詞經常互換使用，但了解其中的區別很重要。同理心是一種自動的情緒反應和共鳴，好比看到他人臉上痛苦的表情時，你的表情也會變得痛苦，如同你也受著相同的痛苦一樣。如果一個人有很強的同理心，就會很容易感受到他人的感受。同情心更像是一種認知上的換位思考，我們將在下一章詳細討論。

同理心涉及與他人情緒產生共鳴的能力，人類天生就有把在其他人身上看到的動作和臉部表情與自己的感受或感覺連結起來的能力。事實上，我們經常不自覺地模仿或同步在他人身上體驗到的動作或表情，例如在談話中，尤其是與你喜歡或熟悉的人談話時，你會傾向於同步調整自己的聲音。說話者們的聲音往往會以不同的聲音模式開始，通常到結束時，特別是如果談話順利，他們的語調、節奏和音量將會非常相似，讓這場談話和諧交織在一起，猶如音樂旋律一般。

同理心的另一個基礎是面對面溝通中的社交模仿，這是大多數人與人互動過程中會自然發生的現象。在面對面的互動中，我們會自動而且通常是無意識地模仿對方的情緒表達。當我們聲音調整與對方同步共鳴時，就會開始模仿彼此的動作，而這過程會產生鏡像效果（mirroring effect）：當我們觀察另一個人的情緒狀態時，鏡像神經元就會啟動，對應當下處理對方情緒的神經元區域，自己相同部位的神經元網絡會被啟動。因此當看到他人有情緒體驗時，你的大腦會以同樣的方式被觸發，就像你自己有情緒一樣。

顯然我們都渴望與他人產生情感共鳴，但每個人的同理能力可能存在極大的差異。同理能力會在早期的成長經驗中被塑造，透過反覆與他人面對面的互動而習得。養育環境在孩童同理心發展中具有關鍵性的影響力，因為孩子們是透過在現實生活中重複地與週遭人面對面互動來學習什麼是同理心，因此可預期的是，有同理心的父母往往會養育出具備同理心的孩子。然而即使沒有善解人意的完美父母，你還是可以提升自己的同理心。當具備更高的同理心時，你就更能夠理解自己和他人的感受，進而幫助你改善與他人的溝通和關係。

專注力對於培養同理心而言是極為重要的能力，請特別騰出時間與他人進行面對面互動，不要讓注意力被其他事務和數位設備分散了。

研究顯示，嬰兒更喜歡那些會與他們眼神交流和模仿他們的人[52]。似乎打從出生起，我們就喜歡面對面地與人交流。事實上，被關注的需求對人類的生存至關重要，如果沒有他人的關注並對他們的需求做出回應，嬰兒是無法生存的——所以人類天生就懂得如何吸引他人目光。這種自然過程的最佳例子是母親和嬰兒之間的目光注視能讓大腦釋放催產素（oxytocin），這是一種荷爾蒙，會使腦中的神經化學發生變化產生幸福感，進而促進親子關係。成人之間的眼神凝視將會在第十部探討。

想要自如地使用同理能力，就必須要能容忍自己的情緒而不被情緒壓垮，因為如果你不能容忍自己的情緒，很有可能也會難以容忍他人的情緒。在剛開始學習自我控制的成長期，與照顧者的相處經驗會讓我們學習到如何處理自己的感受。

如果父母能夠關注你的情緒，並以同理心將它們反饋給你，這會幫助你獲得容忍自己情緒的能力，並在感受到情緒時依然能與他人維持關係。如果父母無法照顧你的情緒，等同於你的感受沒有得到他人認可，很可能你也無法學會容忍它們，在這種情況下，你會覺得只有自己可以依靠，可能會因此養成自我中心的習慣，就像任何處於痛苦中的人一樣，無論是牙痛還是心痛，都很難專注於疼痛之外的任何事情。在第五部和第六部中的練習，可以培養對情緒的覺察力並建立我們對強烈情緒的容忍度。

試試看

1. 試著回想到目前爲止你認識的人中有沒有特別有同理心的人？在影片日記中分享與這個人在一起的感覺、你爲什麼覺得他們有同理心、這對你又有什麼影響？
2. 回想一下你曾經最希望有個人（也許是父母、伴侶或朋友）能給予同理傾聽的時刻，你覺得那次經歷裡最不滿意的是什麼？或是具體說明一下你對他們的期望是什麼？

43

同情：知道對方的感受

同理心通常是自動產生的：當你看到某人痛苦的表情，你的表情通常也會跟著扭曲。但隨著更了解實際情況，你可能會做出同情的反應。

同情心是設身處地為他人著想的能力。例如聽說他人遭遇不幸，你可以想像在那種情況下自己會有什麼感受，但這是刻意為之的行為。若想與他人建立有意義的關係，同情心是不可或缺的要素。即使他人的感受和體驗與自己不同，但願意並且有能力去理解他人，可以讓自己與他人建立更深的連結並維持長遠的關係。

同情心的換位思考認知過程可以分成兩個步驟：首先，必須將他人的情緒與自己的情緒區分開來；接著，以對對方有益的方式，依據自己的個性特長做出回應。

要了解另一個人的情緒狀態，就必須從對方的角度出發。然後你可以選擇用與對方類似的情緒回應，例如當有人在訴說他的成功時，表現出替對方感到快樂或高興的樣子。或者選擇與對方最初的情緒狀態不同，但卻對當下狀況有益的回應方式：例如當對方生氣或不高興時，你可以選擇用冷靜和專注的態度回應。

同情心是學習而來的能力，一個人的成長經歷對於同情心的養成具有深遠的影響。如果父母專注於孩子的需求，他們實際上就是在模擬站在他人角度去理解對方需求的過程。如果父母只關注自己的需求，例如他們想要的是完美的孩子、漂亮的孩子、聰明的孩子等，這個孩子成長過程可能就缺乏得到他人的同情心來理解和回應自己的經驗，因此對於這個孩子而言，站在對方角度、理解他人就會成為難事，反而可能變成只專注於他人對自己的期望，用可以得到對方關注和認同的方式處事；或者這孩子可能會變得自我中心，從而使人們想保持距離。

當自己的情感需求得到滿足時，我們才能學會理解他人的情感和需求。與具備同情心的人在一起時，我們自身的同情能力就能增長。能夠接受和表達自己各種情緒的人，可以為他人樹立榜樣，鼓勵他人去發展相同的能力。

如果你的父母願意讓你看到他們沮喪、混亂和悲傷的樣子，從某種意義上說，他們也允許了你的不完美。但如果相反的，你的父母隱藏自己的負面情緒和感受，只向你展示「快樂／美好」的一面，那麼如果你有「快樂／美好」以外的感受時，就很有可能會開始覺得自己有問題。當父母對自己的脆弱情緒感到不舒服，他們可能也無法容忍孩子的脆弱。

當我們的需求在生命早期得到滿足時，就更容易相信這個世界是一個充滿良善的地方，而良善的對待他人也會成為我們內建的觀點。

同情心豐富的人似乎擅長站在他人的角度看待問題，但他們能夠在關注他人需求的同時，也關注自己的需求和感受，並且讓他人也能看到自己的這些需求和感受。

試試看

1. 試著回想生命中所有認識的人，有沒有特別具有同情心的人？請寫下或是拍攝影片日記中來分享與此人在一起的感覺。
2. 你如何感受或觀察到他們的同情心？對你有什麼影響？

44

為什麼同情心可能比同理心更好？

天生善解人意的人，可以敏銳地感受到他人的痛苦。所以你可能會想問：會不會有太過投入的問題？對別人的痛苦或悲傷感受太深，會不會傷到自己？

太過度的同理的確可能是個問題，如果對他人的苦難同理過多，讓自己過於痛苦時，我們就沒有足夠的認知和情感資源可以協助對方。如果運用同情心，對他人的感受用認知來理解，會更有益於維持住自己的狀態，進而確保我們能更妥善地支持需要協助的人。

過度的同理或許可以追溯到早期的佛教教義，但佛教並不主張用同理心來耗盡自己的情感，而是教導慈悲的實踐，稱為慈悲之行（karuna）：關懷他人，分擔他人的苦難，核心精神是為他人分擔感受，而非被他人的感受給影響。

神經科學家坦尼亞．辛格（Tania Singer）和歐加．克林梅奇（Olga Klimecki）為了比較同理心和同情心的效果，進行了實驗[53]。兩個實驗組分別獨立接受同理心或同情心的練習訓練。研究結果揭示了大腦對這兩種訓練的差異反應。

首先，同理心訓練激發的是大腦中與情緒和自我覺知、情緒和意識相關的部分，以及記錄疼痛的區域。而同情心訓練激發的是腦中與學習、決策和獎勵相關區域的活動。

其次，兩種類型的訓練呈現截然不同的情緒和行為態度。訓練同理心的實驗組覺得同理心是讓人不舒服而且麻煩的。另一方面，訓練同情心的實驗組似乎在心念中創造了正向結果，這一組別最終比同理心組的人展現更多的善良，而且更渴望幫助他人。

因此，對他人的痛苦有「認知上的理解」，而不是隨著對方的情緒起舞，就可以更好地去協助他們，同時照顧好自己。

當我們無法將自己的痛苦與他人的痛苦區分開來時，就會出現同理陷落（Empathic distress），這會導致倦怠和各種身心健康狀況。如果你週遭環境裡的人情緒高漲，然後你發現自己被襲來的情緒浪潮捲走，陷入混亂，以下有一些技巧可以避免同理陷落（Empathic distress）的狀況。

首先記得深呼吸。

當我們看到令人痛苦的事物時，會激發戰鬥或逃跑反應，呼吸就會變得又快又淺，這會提升緊張感並為我們提供情緒動能。有研究顯示，緩慢、穩定的深呼吸可以激發迷走神經，位在大腦中的迷走神經控制著副交感神經系統，而副交感神經系統正是控制放鬆反應的神經系統。因此做幾次深呼吸，會讓人更平靜。

第二，將注意力集中，感受自己的身體。當目睹其他人的強烈情緒時，請將注意力收回到自己身上，而不是陷入他們的經歷與感受中。請感受自己踏在地上的腳，並試著擺動腳趾；如果你是站著的，可以稍微彎曲膝蓋；如果你正坐著，請感覺臀部與椅子的接觸，並感受椅子正在支撐著你。專注於身體的感覺，並想像你正在控制自己的情緒與感知在身體中移動。當然，請讓自己保持彈性，當情況變得難以忍受時，你是真的可以從現場「移開」自己。

第三，照照鏡子，看看自己。當陷入他人的情緒時，我們很容易忘記自己。花點時間凝視自己的眼睛，可以讓你回歸現實，提醒你自己是誰，並用更廣闊的視野來重新評估眼前的情況。這時自我同情的鏡子冥想練習就能派上用場了。

試試看

思考下面的問題，並將自己的想法和反應記錄在影片日記中。

與人相處時，你是天生就具備同理心嗎？還是你比較傾向於以同情心去理解和覺知他人的感受？相較於其他情緒，有沒有任何特殊情緒你比較難以感同身受？你是否曾希望在與人的交流中，可以不要太感同身受，而是多點同情的理解？同理心是否曾經妨礙了你的同情理解能力？

45

用同情心看待自戀

我們在上一部了解到，一個人能否用同情心採取行動，與該人的調節情緒能力高度相關，而非其道德品質。因此，最終我們得把目光焦點重新回到自己身上，好好凝視著這位摯友的倒影，因為如果我們無法看見自己，那麼也看不到別人。

自戀的特徵是缺乏同理心和同情心。最近對自戀者大腦的一些神經科學研究成果，可以協助我們理解為什麼這些人的同理和同情能力嚴重受限，同時還可以讓我們知道如何協助自己提高這些重要的人際交往技巧。

許多實驗和臨床觀察發現，自戀者會有自溺（self-absorbed）的慣性思維模式，讓他們免於覺察他人的情緒和經歷。但他們是故意要這麼無理、冷漠嗎？近期的神經科學研究表明，自戀者之所以缺乏同理和同情心，可能是因為他們對情緒的認知處理存在缺陷，而這種缺陷不受意識控制。這些研究發現說明了，不是所有人都能像我們希望的那樣具有同理和同情心。以下就讓我們來了解一下自戀者的大腦發生了什麼事。

同理心涉及共享、想像和理解他人的情緒，神經科學研究發現，當我們正在經驗同理心時，大腦的特定區域會被激發。位在大腦的腦島內前島（the anterior insula），這區域像是兩個獨立的認知處理網絡之間的開關：一個與執行任務有關，另一個稱為預設模式，與關注自我相關。換句話說，我們的大腦會在專注執行任務與專注於自己之間切換，但很難兩者同時並行。

最近的大腦成像研究顯示，自戀者的同理心缺陷是由於腦島內前島功能障礙造成的[54]。他們的腦內前島似乎處在一種不平衡的狀態，導致無法關閉預設模式網絡，而該網絡會將思考的注意力集中在自己身上，所以自戀者的大腦呈現無法不去注意自己的狀態，當然這也會阻礙一個人共享和理解他人情緒的能力。

其他研究則顯示自戀者可能並非故意對他人漠不關心，他們只是不太能夠辨識和理解他人的情緒。能夠透過臉部表情辨識情緒，是產生同理心的一項重要技能。

從臉部表情來理解並辨識出恐懼、憤怒、厭惡、快樂和悲傷等情緒的研究測試中，自戀者會出現明顯的情緒辨識困難，尤其是面對恐懼和憤怒的情緒表情[55]。這種自戀者在辨識任務中表現更差的歸納，與他們識別情緒的時間長短無關。所以很明顯的，自戀者難以辨識他人的苦痛（通常透過恐懼和憤怒來表達），而這會阻礙他們同理別人。

在神經成像學（neuroimaging）實驗中，分別讓在自戀測試中得分高和低的參與者們完成同一項任務：對各種情緒的臉部表情圖片產生同理。實驗結果顯示，高自戀者大腦中與自我關注有關的區域停用程度較低，這再度證明了自戀者很難關閉腦中的自我關注。在問卷調查中，高自戀組比低自戀組回饋更多自我導向（self-oriented）的個人焦慮，並且在緊張的人際互動相關問題中，高自戀組也會顯示較多的不適應。所以綜合以上的資訊，我們可以知道自戀者難以控制自我關注、不容易辨識他人情緒、還有難以調節自己的焦慮——而這些似乎就是他們無法同理他人、並且以同情的方式回應他人的起因。

所以當你指責某人是自私的自戀者時，很有可能只是在強化他們的自我關注並助長他們的焦慮。反之，你可以嘗試讓他們把注意力集中在你身上，非常明確地表達你的感受，並且明白，他們要理解你的感受，可能會花上比你以為還要久的時間。最重要的是，別忘了很多內在焦慮是無法從外表判斷的，保持平靜會讓他們更容易與你連結。

當然，頑固的自戀者可能不吃這一套。但我希望前述的研究資料能讓你相信，許多本質良善的人可能只是當前過於專注和陷入自己的世界，無法展現他們充滿同情心的一面。也或許你也需要給予自己這份理解，因為如果你覺得自己曾經錯過了向需要的人表達同情的機會，那麼你並不孤單。

試試看

1. 你是否有非常沮喪或惱火的時候，而你關心的人剛好需要你的關注和關愛，但你卻無法回應他們？寫下或錄製影片日記來描述這段經歷，讓自己之後可以回顧。

2. 當別人在表達恐懼或憤怒時，觀察自己的反應。以同情心回應這些人是不是更難？試試看下次你親近的人表達恐懼或憤怒時，你是否能折解自己的反應？你的立即反應是什麼？是什麼阻礙了你的同理或同情反應？

46

用鏡子找到缺失的拼圖

自戀是如何與鏡子扯上關係？在所有有意義的關係中，我們都需要被看到、被反映和被欣賞。早期的精神分析研究發現有某種類型的患者，他們似乎極度需要被看到、認可、理解、與他人連結、被欽佩和欣賞。在這些案例研究中，研究人員觀察到這些人與他人的關係猶如納西索斯（Narcissus）的故事翻版。這些病人具有「鏡像移情」（mirror transference），他們的人際關係似乎永遠都是單向反映，因為這些患者會希望別人視他們為獨一無二的存在，並且期待他人不管何時何地都能精準地理解並配合他們，但這些患者卻無法用相同的標準對待別人，他們被看到、被照顧和被反映的需求似乎是個無底洞。

心理學家認為，鏡像移情（mirror transference）是一個人的天性在成長期沒有得到足夠的反映的結果。在第三部有提到人的基本美德（basic goodness）這概念，我們與生俱來的人性有時被稱為核心本質（core essence）、無條件的美善（unconditional goodness）或基本美德（basic goodness），這是人類內建的純潔善良天性，不需要做任何事情來獲取或培養，這種品質是最基本的人性。詩人將其描述為在所愛之人眼中可以看到的靈魂或光芒。如果在幼年時期這種天性沒到被辨識或得到反映，我們很可能會根據如何被他人看待和反映來塑造自我形象，而外貌、能力或成就通常是這種理想化自我形象的基礎。自戀者會將這種理想化的自我誤認為是他們的本質，並發展成永遠無法滿足的被他人反映的需求，他們盲目的尋求自己的外表、才能或成就能被反映，但心裡似乎產生不了滿足感，因為自戀者們實際渴望被反映的是真正的自我本質。

從自戀者的角度看來，治療師、重要的另外一半、朋友和同事、粉絲和追隨者都只是為了一個重要的功能存在——反映出他們的偉大。自戀者將他人視為自己的鏡子，而不是具有複雜思想和感受的獨立個體。自戀者利用他人來理想化的反映自己，這種對認可、讚美和讚譽永不滿足的需求，即所謂的自戀供給（narcissistic supply），讓自戀者免於感受到自我真實天性不被看到的痛苦和脆弱。所以鏡子對他們而言只是一種自我欣賞的工具。

在自我價值與外表吸引力的相對關係研究中，發現了一個事實：自戀者被認為比一般人更具吸引力，而外表吸引力與鏡子凝視又呈正相關。由一千多名研究參與者所參與的十五項不同研究的統計分析（稱為統合分析）。報告顯示，根據觀察者對吸引力的評級（不是自戀者自己的評級），自戀傾向與身體吸引力之間存在微小但可靠的正相關[56]。

自戀者認為自己比一般人更具吸引力似乎是意料之中的事，但為什麼一般人也覺得自戀者更顯得有吸引力？自戀者確實喜歡照鏡子，還會花更多時間打扮自己來強化他們張揚的自我形象。自戀者比一般人還更容易自我物化（self-objectify），將自我價值和認同建立在外貌而非性格上。

此外，研究也顯示外表吸引力與鏡子凝視呈正相關。在一項研究中，原本就對自己外表感到滿意的女性們，在凝視鏡子後會感覺自己更有吸引力、更加自信[57]。

還有一項有趣的實地考察研究，在路邊的反光玻璃旁安排一些觀察者，這些觀察者會記錄路過的男男女女在經過這面反光玻璃時注視自己形象所花費的時間[58]。每個被記錄的路人的外貌吸引力也會由這些實驗觀察者分別評級。結果顯示，無論男性或女性，花在鏡子上的時間與他們的外表吸引力之間存在正相關。

研究顯示，與第二部討論到的軀體變形障礙（Body dysmorphic disorder）患者一樣，自戀者通常與鏡子有著特殊的關係。他們用鏡子將注意力集中在自己的身體外觀上，藉此躲避脆弱和負面情緒。自戀者用鏡子來確認和觀賞理想化的自我，但令人好奇的是，如果用鏡子來看外表下的真實自己，除了會讓他們感受脆弱之外，還會發生什麼事？

試試看

開始鏡子冥想練習時，請注意自己坐在鏡子前冥想時的第一個想法：是關於自己的外表嗎？最近的成就？試著確認自己的感受，如果感到不舒服，試著就只是單純看著自己那種不舒服的感受。

隨時記住深呼吸並感受自己的身體——這樣就不會被情緒所淹沒——請單純的覺知你的感受（不需要做什麼）並與自己待在一起。

第八部

對寂寞、孤獨和依戀的反思

47 你如何看待寂寞？

你是否曾經感到寂寞？我想答案是肯定的，似乎每個人都曾有過寂寞的感受。然而我們似乎都會覺得自己的寂寞感獨一無二，沒人可以理解，諷刺的是，這種想法會使我們更加孤立。接下來我們將探討寂寞感的一些常見原因，以及知覺如何在寂寞感中發揮關鍵作用。你也可以藉此更了解自己在關係中的模式，並學習如何加強與自己的關係。

認識寂寞感的其中一種方式是將其視為知覺（perception）問題。當察覺到對社交連結的渴望與實際體驗之間存在差距時，人們就會產生痛苦或不適的狀態。

某些寂寞感可以單純透過參加社交活動來減輕，例如找人交談或加入社交團體。但慢性或長期的寂寞往往是一系列複雜因素導致的結果。寂寞使我們感到空虛、孤立和不受歡迎。我們總是渴望與他人接觸，但我們實際的內心狀態反而常常阻礙自己與他人連結，因為寂寞不一定是因為獨處而引發的，而是我們內心「感到」寂寞和孤立。由此可知，寂寞是一種心境。換句話說，我們可以透過思想創造寂寞，而寂寞的思想會延續寂寞。

有項研究比較了四種最常見的寂寞治療方式：提高社交技能、加強社會支持、增加社交互動機會、以及解決長期孤獨導致的錯誤思維模式[59]。結果顯示：改變思維模式最為有效。

因此如果你感到寂寞，請想一下那些在你腦中常常自動浮現的與他人社交互動的消極想法，是如何阻礙你與他人建立有意義的連結。而這些想法可能並不是真實的，清晰且具備同情心的自我覺察可以協助打破這個循環，這也是減少寂寞感的關鍵因素。

關注自己的想法，並確認那些關於自己的生活和他人生活的負面內在對話是否為真，你是否讓自己更孤立？你覺得自己不值得有朋友嗎？如同前幾個部分所提到的，當觀察到自己出現消極想法時，練習正念原則：**將注意力集中在當下**、**保持開放和好奇**，**並對自己和你正在思考的人保持善意**。雖然這些想法可能幫助你在過去或早期成長經驗中維持自己的安全，但現在已經無法讓你獲得嶄新、積極的體驗。讓自己活在當下，對新的可能性保持開放態度，並用善意擁抱它們。

48 臉上的寂寞

你是否曾經鼓起勇氣想要與某人接觸，但看到他們臉上的表情後就覺得這可能不是個好主意？我們的非語言暗示和非語言溝通模式，在他人跟我們有實際接觸之前的初步感知有著非常重要的影響。

除了消極和不正確的想法外，研究還發現感到寂寞的人會持續使用能維持他們寂寞狀態的非語言暗示、溝通方式和社交行為。一些研究人員假設無法理解社交信號（例如微笑和目光接觸）會讓寂寞感持續，因為這些信號是建立積極社交互動的關鍵，所以當人陷入寂寞，可能會失去自動模仿其他人臉部表情的能力，因為他們無法理解這些信號。而大多數社交互動過程中，社交模仿（Social mimicry）通常能自然發生，例如與某人擦身而過時，我們可能會反射性地向對方短暫微笑。人們通常會在人際互動中自動且通常是無意識地模仿正在跟自己互動的人的情緒表達，這會讓人產生連結感；無法產生這個過程，人就會感到孤獨——無論我們與多少人來往。

寂寞的人是故意不模仿他人的微笑和眼神交流，還是另有原因？為了了解寂寞的人是否會注意到這些社交線索並自動模仿，加州大學聖地亞哥分校（the University of California, San Diego）的研究人員對三十五名學生志願者進行了一項小型的初步研究[60]。這些參與者首先得完成三份問卷報告，評量他們的寂寞、憂鬱和外向性。根據寂寞評量結果，他們會被歸類為寂寞或不寂寞。接下來，研究人員會將電極連接到這些參與者的臉上兩對產生情緒表達很重要的肌肉：一對是位於臉頰的顴大肌（zygomaticus major），或是被稱為微笑肌；另外一對是位於眉頭的皺眉肌（Corrugator supercilii muscle）。接著研究人員會向參與者展示男人和女人做出憤怒、恐懼、快樂和悲傷的臉部表情的影片片段。

當參與者對臉部表情進行評分時，寂寞組和非寂寞組的學生同樣擅長區分臉部表情。而且負面情緒評級（憤怒、恐懼和悲傷）或正面情緒評級（快樂）的結果，兩組間也沒有明顯差異。所以寂寞的人具有與不寂寞的人相同的辨別和理解情緒的能力。

然而，寂寞組的學生們會對影片片段自動做出與另外一組不同的臉部反應。當兩組的成員看到人們表現出憤怒時，兩組參與者的眉毛都會自動移動以模仿這種表情。但是當影片中的人物表情是喜悅的時候，只有非寂寞組才會不自覺地微笑回應。參與者在憂鬱和外向性方面的得分與這些結果無關，只有寂寞程度才會有所區別。

研究人員後來證實，被當面直接詢問時，寂寞組實際上可以刻意模仿微笑和皺眉。研究還發現，寂寞組在觀看無人的非積極社交圖像（例如自然場景）時會自動微笑，這些圖像也會讓另一組自發微笑。

需要注意的是，這是一項小型的初步研究，所以我們無法推斷出以下的因果：是寂寞會干擾微笑模仿，還是缺乏微笑模仿會產生寂寞感？但這研究確實顯示微妙的非語言信號，會影響到其他人想接近還是避開我們。加深對這些非語言信號的認識即可改善人際關係的品質。

試試看

想想那些讓你微笑的人，面對鏡子，想著他們並練習微笑。也可以考慮錄製一部影片日記，想著一個你所認識的人，而你想到他（或她）就會微笑；或者回憶一個讓你會微笑的社交場景，在影片日記中描述這個人或這個場景。這影片日記可以讓你在感到有點寂寞時回頭觀看。

49 獨處的能力

前面我們討論到寂寞，但與自己獨處呢？與自己相處的時光會讓你感到滿足嗎？

能舒服地獨處是一項重要的技能，可以讓你擁有更多選擇並以此提高生活品質。當你對獨處感到自在時，就可以更自由地選擇與誰在一起以及如何度過自己的時間。這不僅僅是能在獨自一人的時間裡培養嗜好、興趣及一個人做事的能力，培養獨處的能力意味著與自己建立更親密的關係。

與自己建立更牢固、更有同情心的關係，也是這趟鏡子冥想自我反思之旅的主要好處之一。

以現在的社會結構來思考，你應該會覺得自己是完全獨立生活的。但事實上，你根本無法單憑一己之力活到現在。實際上，與他人相處對我們的生存至關重要，也是培養獨處能力的關鍵。

在一篇經典文章《獨處的能力》（*The Capacity to Be Alone*）中，精神分析學家唐納德．伍茲．溫尼科特（D. W. Winnicott）描述了孤獨的悖論，他認為獨處的能力源於在他人（通常是母親）面前獨處的經歷[61]。我們需要感受到另一個人的存在：「有個人在那裡，跟那人待在一起會讓我們感到安全，而且該人對我們沒有任何要求。」我們需要被別人這樣看待，才能形成自我意識。我們需要知道有另一個人看著自己，但同時也意識到我們和對方是完全分開的個體。這個過程給予我們保證，即使他們不在場，我們也能繼續存在，還有我們的存在是具有意義和價值的。在這種經驗中，我們內化了一種自我感和安全感，這是能忍受自己獨自一人的基石。

被人無條件地陪伴，對方對自己沒有任何的期望和要求，擁有這樣的體驗非常重要。如果在人生早期有這樣的經驗，你終其一生都能帶著這份禮物。但如果在他人陪伴下獨處的經驗不足，我們可能會將孤單與空虛、恐懼、脆弱以及缺乏他人關注或陪伴的無價值感連結起來。即使你錯過了早期的獨處經驗養成，你仍然可以從治療師、精神導師或老師——任何願意無條件地陪伴並且為你著想的人的身上獲得這種經驗和能力。

這種在他人陪伴下獨處的最初體驗，讓我們未來獨自一人時，可以在自己的精神狀態中複製這種體驗來陪伴自己。而我們也擁有了一個榜樣，提醒自己什麼是安靜的陪伴。

在還是青少年的時期，我的臥室裡有一張保羅．麥卡錫（Paul McCarthy）的海報，感覺他的視線會一直跟隨著我，這讓我感到不那麼孤獨。那段時間我不太了解我的父母，與同齡人的相處也讓我感到不適應和痛苦。但我一直受到保羅的關注，他總是用深情的棕色大眼睛愉快地注視著我。當然我不是真的相信他在那裡，我只是需要他注視著自己，我會想像他很了解我，並且滿足於他的陪伴，保羅給予那時的我很多安慰。現在，就像許多每天花好幾個小時獨自工作的人一樣，我的辦公桌上放著所愛之人的照片，他們陪伴著我，在我工作時愉快而仁慈地注視著我，而且對我別無所求。

這種安靜的陪伴提供了什麼功能？所愛之人的安靜陪伴，提供我們源源不絕的舒適感和連結感。而且我們不需要付出精力實際拜訪或與其交談，這些精力可以用於專心處理手頭上的工作。這些與我們對視的照片，不斷提醒著：有人關心著我們，我們的存在是有意義的。最重要的是，這會讓我們一直記起人性美好的一面。

來自他人的安靜陪伴有多種形式，例如一位藝術家可能有自己的繆斯，其存在的目的是給予藝術家靈感創作偉大的作品。在藝術家的想像中，繆斯並不會要求任何東西，通常只是在一旁、沉默、耐心的看著藝術家完成作品。縱觀歷史，這些繆斯保護和守護著藝術家及其創作。在精神領域中也可以找到許多安靜陪伴的例子，人們相信來自上帝、靈魂、天使或已故親人的守護，並從中獲得安慰與平靜。當獨自一人時，我們常常會想起自己所愛的人，並想像他們與我們同在。當然這是多數人不會談論的私人經驗，但卻是非常普遍的。

所以關於獨處的悖論是：獨處的能力來自於「知道自己從來不孤單」。

試試看

當你獨處的時候，有沒有任何人或任何存在陪伴著你？你會想像他們注視著你嗎？如果是，他們對你的態度又是如何呢？

50 自我關聯裡的依戀模式

成長過程中與父母或照顧者的相處經驗，會影響我們日後的人際關係，這是在心理學中經常被提及的說法。雖然這非常直觀、易於理解，但實際上我們並沒有意識到這種童年經驗所影響的全部範圍。最初由約翰・鮑比（John Bowlby）提出的依附理論（attachment theory）可以協助人們更好地理解自己的人際關係，以及過去的經驗如何影響我們對自己和他人的看法。依附理論的想法被廣泛引用，因為這理論被證明有助於深入了解自己與他人的關係，尤其是戀愛關係。因此我建議你可以將這些想法應用於理解與自己的關係。

讓我們先來了解一下依附理論（attachment theory）。約翰・鮑比觀察到，包括人類在內的所有哺乳動物與生俱來會有想尋求與自己照顧者親近和溫柔接觸的衝動，當感到受到威脅或害怕時尤其如此。這種幼年時期尋求依附的經驗，將成為我們成人後會期望他人如何回應我們的基礎。

安全依附類型（secured attachment）的人傾向於信賴他人，也樂於讓他人依賴自己，這類型的人，內在有一種對人的信任感和信念，那就是他人會以善意的方式回應他們，並且和別人親近是安全和有益的。如果你童年的大部分回憶和經歷是父母滿足你的安全需求，尤其是當你感到痛苦、恐懼、徬徨時，他們會給予你安慰並允許你與他們親近，你很有可能會擁有安全感類型的依附模式。

不安全依附類型（insecure attachment）則分為兩種。如果你是迴避型（avoidant attachment）的依附模式，通常會避免與他人親近，因為你看不出這當中存在任何益處，還可能得擔心其他人會傷害自己或讓自己失望，所以你不會想付出努力與人建立連結，這樣的人可能會讓人覺得冷漠。迴避型的成年人可能在童年時期當他們需要幫助或安慰時，並沒有得到來自父母或養育者的給予。

這些遭遇可能是：擁有實質上或情感上缺席的父母、在家庭中被灌輸需要被安慰是可恥的觀念、或因表現出脆弱反被利用等等，這些只是其中幾例。要是日復一日待在這樣的環境成長，向他人尋求幫助和安慰的本能會逐漸消失，因為得到他人援手的期待要不是得不到回應，不然就是得到負面結果。繼續期待那些根本不存在或無法安慰人心的回應實在太痛苦了，因此最終這些人就會寧願與人保持距離，尤其是當自己感到壓力時。

如果你是迴避型的不安全依附類型，你可能會擔心與他人過於親近就容易暴露自己的的脆弱，因此當你感到不安時，反而可能會本能地遠離親近的人。

而另外一種焦慮型（anxious attachment）的不安全依附模式，則與迴避型恰恰相反。這樣類型的人有強烈的情感親密需求，常常擔心自己會被拋棄，因此可能會有點粘人，諷刺的是，太過粘人又會為這些人招致最大的恐懼：被他人排斥。

焦慮型的人往往會全神貫注於經營人際關係，因為人際關係讓他們感到既興奮又恐懼。事情進展順利時，會帶給他們興奮與狂熱感；但如果令他們開始擔心，在沒有任何警告的情況下突然被拋棄或拒絕時，恐懼就可能出現。

焦慮依附類型的成年人往往擁有一個充滿未知數的童年，也許是父母中有一個忽冷忽熱，前一分鐘還非常愛他們，下一分鐘就對他們厲聲呵斥、嘲笑，他們永遠無法預測接下來會發生什麼事，因此他們會密切關注自己所愛的人的一切行為，這種模式可能會在這些人成年後的關係中複製（通常是無意識地），讓焦慮型依附的人常常會陷入糾纏拉扯或愛我、不愛我的混亂中。對於焦慮型依附的人來說，愛情生活和友誼就像是會讓人情緒起伏劇烈的雲霄飛車，他們生活在似乎永無止盡的危機和紛擾中。如果你時常擔心其他人可能會拋棄自己，並且你的愛情生活似乎都需要全神貫注的投入而且總是充滿起伏，那麼你可能就是屬於焦慮依附的類型。

開始探討自己與他人關係中的依附模式之前，請先退一步思考這些依附模式如何影響你與自己的關係，因為與自己的關係是一生中持續最長，而且是唯一真正「永遠」在一起的關係，這也是人的一生與其他關係的基礎。你見證了自己曾有過的每一個想法、夢想、感覺、想法和行動，除了自己，沒有人能體會你獨一無二的生活經歷。友誼和人際關係也許可以讓你感到被支持和被愛，但是與自己建立充滿同情心和愛意的連結、享受與自己相處的時光、即使沒有他人在身旁也能欣賞和認可自己，這些都是能建立健康、滿足的成年社交關係的基礎。

有一句俗語是：如果你喜歡和你在一起的人（也就是自己），你就永遠不會感到孤獨。是否孤獨真的是一種鄙視自己的陪伴並拋棄自己的結果？在接下來的兩個章節中，我們將探討與自我關係的兩種不安全依附模式，例如：你和自己有迴避關係嗎？與自己是否是焦慮關係？還是安全型的依附關係？或者可能是上述的組合？

試試看

想想前面討論的三種不同的依附模式，你認爲哪種模式的描述最符合自己？爲什麼？花點時間在影片日記中回想這些線索，描述那些在你腦海中跳出的過往關係和經歷。

51 焦慮的自我依附關係

在焦慮型依附模式中，你更喜歡關注並理想化他人，而不是檢視自己和自身的行為。早期成長過程的依附經歷包括無法預測所依賴之人的行為，所以你焦慮於自己的需求是否能得到滿足，並把注意力集中在別人的一言一行，而不是關注自己。

卡拉來找我接受鏡子冥想的指導。她很難進行傳統的閉眼冥想，因為她的思緒會到處飄蕩。在一次靜默冥想中，卡拉意識到自己很難壓抑與旁人交談的衝動，這讓她陷入了恐慌。她對獨處感到不自在，甚至在我們的交談中，她也很難忍受談話的停頓。卡拉需要我給她很多的保證，讓她知道自己所做的每一步是對的，而我有多麼重視她以及多麼珍惜我們一起練習的機會。

卡拉是焦慮型自我依附模式的一個例子。她好像關注的都是自己，但似乎又不是真正的只有自己。卡拉的注意力會飛快地落在生活中的不同人身上：想著她與這些人的關係、想著他們會如何看待她來找我做鏡子冥想、這些人又會如何看待鏡子冥想、她要如何告訴他們，她做鏡子冥想的體驗、她又將如何應對他們的批評、取笑和質疑等等。

當然，這一切都只發生在卡拉的腦海中，她的朋友、家人和當時的伴侶並不存在於現場。卡拉需要更積極地面對自己，我們一起練習如何追蹤她的注意力，並讓卡拉發現她專注於他人勝過於自己的模式。

焦慮型依附的典型模式包括害怕被遺棄，但焦慮的自我依附模式卻與遺棄自我有關，當這些人感到沮喪時，不會關心自己，而是會自動關注他人以及他們對自己的感覺。

當卡拉坐在鏡子前時，她會自然而然從別人的角度來看自己，她會問我感覺如何，並向我道歉，因為在她冥想的時候和她在一起對我來說一定很無聊。我向她保證我好得很，也很樂意支持她，並鼓勵她繼續將注意力集中在自己身上。

卡拉需要從關注身邊的人的習慣中培養更多自我覺知，同時還需要練習善待自己。有時當我們意識到自己把事情搞砸時，我們就會對自己落井下石，但這反而會讓自己更難改變慣性。我和卡拉一起練習協助她專注於自我，以便於看清她將注意力從自己轉移到他人身上的模式，以及她這樣做的時間點和原因。我協助她追蹤自己的注意力，好讓卡拉看到那些她用關注他人來閃躲掉的真實感受和想法。

卡拉意識到她對自己沒有安全感，她不信任自己，也不太重視自己的陪伴。我鼓勵她定期練習鏡子冥想，只要專注於與自己相處：「只和你在一起，只有你，沒有別人，讓我和你在一起。」。隨著時間的推移，卡拉與自己相處的能力增強，也比較不會隨意拋下自己轉而關注他人了。

與他人相處融洽的關鍵是知道你無需做任何事情來讓對方願意留在你身邊。如果你是焦慮型依附者，你可能會認為如果不經常關注他人的存在、情緒和對你的反應，他們就會離開你。所以當獨自一人時，你往往仍處於那種關係監控模式。會重視所愛之人的感受和態度的確是重要的，但也必須培養把注意力從他們身上移開的能力。你可以帶著善意將注意力一次又一次地回到自己身上來練習這種能力。

試試看

下次當你在冥想或其他時候發現自己的思緒飄向另一個人時，試著問自己：「在那人突然出現在我腦海之前，我正在想什麼或有什麼感覺？我想從此人那裡得到什麼，愛？贊同？保護？控制他們？」盡可能對自己誠實，請記住，無論你的動機、期望和需求是什麼，都是沒關係的，因爲那些都是自然的人性，但是依照這些衝動採取行動可能並不明智。透過對自己誠實，你會對自己更加信任和接納。

此外，也請觀察你的需求和感受是否存在著模式：當沒有他人存在時，你是如何支持自己感到安全、自律、被愛或被認可？

錄製一段影片日記來記錄這些。

你還可以考慮在感到安全和自信時錄製影片日記，這樣當你感到焦慮和不安全時，就可以觀看這些影片來安撫自己。

52 迴避的自我依附關係

具有迴避型依附模式的人通常會避免與他人親近，甚至可以用「不屑一顧」來形容，因為他們不認為關係有多重要。基於幼年的依附經驗，會讓迴避型依附的人認為最好避開他人，尤其是當感到壓力時，因為其他人可能會讓事情變得更糟。

在與自我的關係方面，迴避型的人往往會忽視自己的痛苦感受，透過工作、影片、食物、購物或任何能把注意力從自己身上轉移開來的嗜好來分散自己的注意力。他們發展出這種自動化的反應，是為了避免感到脆弱和孤獨帶來的痛苦。

塔瑪拉前來接受鏡子冥想指導。她花了很多時間獨處，因為獨處讓她感到自在，但她總覺得生活似乎有些空虛。當她獨自坐在鏡子前時，總覺得少了點什麼，於是開始把注意力轉移到自己的待辦清單上：得整理衣櫥了、今天想吃些什麼、好想上網購物……但就是沒有想到自己。雖然這對她的日常生活來說不是什麼大問題，但她注意到，一旦感到有壓力，她就會不自覺地避免關注自己，也無法與人接觸。小時候的塔瑪拉因為脆弱而被嘲笑或忽視，成年後的她認為只有當自己沒有任何問題時，才可以與他人接觸。塔瑪拉承認自己沒有什麼深刻的人際關係，她對自己的人際關係也不太滿意。

我與塔瑪拉的合作包括幫助她與自己相處，無論處於什麼感受下，而不是忽視或迴避自己。起初塔瑪拉沒有任何感覺，她的注意力就像水中的軟木塞：不斷浮出水面，無法深入自己的感覺，她從幼年開始就學會了把一切都放在表面。她會告訴我：「我沒有任何感覺。」我答道：「沒關係，只要和自己待在一起、看著自己就好。」

見我對塔瑪拉來說是件難事，因為她擔心我可能會強迫她去感受某些事情，或者我會以不正確或令人厭煩的方式來解釋她的感受。我向她保證，只有她才能定義自己的感受，我對此並沒有任何期望，我只是在協助她為自己留出空間，讓她能對自己有新的體驗，無論好壞。

我鼓勵塔瑪拉單獨做鏡子冥想，並告訴她，讓自己信任的人能稍稍看到她脆弱的一面，這點對她來說很重要，因為在迴避模式中，人們在壓力下會選擇忽視自己的感受，並疏遠可能可以為他們提供有價值的回應和支持的人，改掉這個習慣可以幫助塔瑪拉發展更深厚的友誼。

假以時日，塔瑪拉透過每天給予自身關注，與自己建立了更牢固的關係。她找出了一些自己一直以來迴避的深刻情感。而當塔瑪拉看見自己內在積壓已久的真實感受，並發現原來她忽視了自己如此長久的時間，這讓她對自己產生了同情。

試試看

1. 下次當你覺得自己處於沒有太多感覺的狀態時，看看鏡子裡的自己，並試試看是否能忍受和自己待在一起，而不會有太多感覺。
2. 當你有吃零食、滑手機、購物或做任何你最喜歡的消遣的衝動時，嘗試去看著鏡子中的自己，即使只是匆匆一瞥也好，可能就可以打斷這些慣性行爲。
3. 看看你是否可以養成感到壓力時，好好去確認自己狀態的習慣，而不是迴避自己。簡單的在鏡子前和自己坐在一起，不需要修復或改變自己的感受，只是和自己待在一起，陪伴自己。

第九部

被看見的風險

53

他人是我們的鏡子

作為社會化的物種，我們透過觀察他人來反思自己是誰，從我們與父母相處的第一天開始，隨著成長而逐漸擴展。透過他人對我們身體外觀和情緒的反應、以及他們如何反饋、鏡像和模仿我們，這些都是來自其他人所給予我們自己是誰的線索，我們藉此了解了自己是誰，而透過這些經驗，個體形成了自我意識。

身邊有一群充滿愛心、盡職盡責又精確的觀察者和映照者，這是件非常棒的事。但是我們也很可能是由無法用愛、如實且一致的映照來撫養孩子的成年人照顧長大。事實上很多人同時具備這兩種經驗。

你還記不記得在你年幼時，某個成年人對你說了一些有關你的事，此後這些話就一直伴隨著你，改變了你對自己的看法。但這些看法準確嗎？是善意的嗎？當自我意識正在形成的初期，加上身為孩子，你無法質疑這些看法的準確性，只能把它們當作事實。

一般來說，兒童比成人更容易受到負面訊息的影響，好比你跟一個孩子說：「喂！你真笨！」這孩子很有可能會相信這是真的，並且牢記在心。

相反的，如果你對一個成年人說：「唉呦！你好蠢！」你很有可能會得到對方的反擊。成年人有足夠的情感和認知能力去回顧和重新檢視對自己的信念。我們可以回溯到這些信念的來源，並質疑它們的準確性。成年人更容易拒絕對自己的不精確評價和錯誤反饋。我們的自我意識在成年後更加穩固，但這自我意識的基礎是小時候我們所接收到關於自己的資訊。

在第三部裡，我們談到了自我對話，尤其是關注自己內在的批評者。而在這個部分，我們會將關注的重點放在他人的看法如何影響你對自我的看法。我還會分享一些故事，這些故事可以讓你知道如果被他人看到可能會產生的風險，同時還會告訴你為什麼不要讓自己害怕這些風險，以免阻礙自己充分投入生活、與他人來往。

當然，我們無法保證會被他人正確或善意地看見和評價，但你會發現，願意與他人連結的勇氣同時會鼓勵你與自己建立緊密的關係。在接下來的章節中，你會找到一些技巧和訣竅來讓自己更願意被他人看到，並讓其他人更容易以良好的方式與你接觸。

試試看

1. 在影片日記中，討論其他人對你的看法如何影響你自己。
2. 回想一下你的生命，在成長的過程中，你對自己的評價是什麼？
3. 大人或其他小孩用什麼話語來形容你？他們說了哪些關於你的事情？這些又對你成年後有何影響？
4. 接著思考以下的問題：
你過去是怎麼被他人看待的？正面還是負面呢？你覺得準確與否？
這些又是如何影響你？
現在的你希望如何被他人看待？未來呢？

54

鏡像中的身分認同

隨著練習的時間增長，常有鏡子冥想者回饋當他們看著鏡子裡的自己沉思時，他們似乎會看到自己某個親戚的影子：「我看到媽媽在鏡子裡回視著我。」、「這絕對是我父親的鼻子。」、「我在自己的眼睛裡看到了奶奶的神采！」這些發現會讓人思考自己的外表是如何塑造他們對自己的看法和身分認同。

我花很多時間在鏡子裡思考自己的身分。從小我就知道自己是被收養的，父親告訴我，他想要一個金髮藍眼的小女孩，所以當他看到我時，就覺得是我了！所以小時候，我常想像我的父母去嬰兒用品店，在店內閒逛尋找，然後看到我在貨架上（通常是在最上層的貨架），他們高興地驚呼：「在這裡，就是她了！」接著他們把我從貨架上取下來、放進購物車、到結帳櫃檯結帳、最後把我帶回家。被稱為「芭比娃娃」等於是進一步的對我傳達自己的外表很重要的訊息——而且是非常的重要。

我的外貌和每個人一樣，很大程度是出生時註定的。我們的外貌在某種程度上可以稍做改變，但那些容易被人們關注和評價的顯著外貌特徵，如膚色、身高、年齡以及與種族或民族相關的臉部特徵等，是很難被改變的。所以某程度上，我們都會被自己的外表所束縛，外表也往往在我們的命運中扮演重要的角色，那麼我們該如何接受和面對這一切？

多年來，我一直在鏡子裡檢視自己的樣貌，我確定自己不是「芭芭拉（Barbara）」，當然也不是個「芭比娃娃（Barbie）」！但我到底是誰？為了回答這個問題，我決定找到親生父母，這對我而言是個大冒險。但幸運的是，與親生父母的會面是非常棒的經驗，並且改變了我的人生。光是了解他們的生活和祖先們的故事，就給予了我前所未有的完整感和歸屬感，與他們面對面的交流讓我感到非常滿足。我的親生父母給我看他們不同年齡段的生活照片，以及他們的父母和兄弟姊妹的照片，而在這些照片裡，我看到了與自己驚人的相似之處，這是有生以來第一次看到有人長得與我相像。我像是孩子一樣的喜悅和著迷，對著鏡子不停的將自己樣貌與照片進行比較。對於旁觀者來說，這可能看起來很愚蠢或多餘，但對我而言，這是我看待自己的方式的一個深刻轉變。

與親生父母見面，讓我能對自己的先天理解產生肯定，因為在成長過程中，養父母或其他成年人從未向我映照過這些。而這種對先天自我的肯定感，使我能更欣賞自己的生活和更確定自己的目標。與親生父母見面所揭露的一切，讓我再也無法坐在鏡子前想著自己是「芭芭拉」。我開始感到難以忍受，覺得這個名字是在自己身上迴盪的虛假之音，但在日常生活中我又得常常見到它，這種虛假感讓我避無可避，因此最終，我把自己的名字改成了「塔拉（Tara）」，這名字讓我感覺到真實和共鳴。

每個人都至少有一個關於某人對自己的看法，如何深刻塑造自我身分認同的故事。而你的故事是什麼呢？

長時間看著鏡子裡的自己，我們可能會開始看到自己的不同面向。人們可能會根據以下條件，同時具有不同的身分認同：語言；種族、宗教；社會、政治和思想信念；性別；性取向；以及運動等其他興趣。而透過社群、社交媒體的匿名性和社交互動的短暫性，這些不同的身分得以被獨立看待。然而與此同時，你可能也會強烈的渴望能以完整的自己被人看到、了解和接納。

鏡子可以協助我們看清自己是否有任何身分認知的落差，例如有人會覺得自己比看起來年輕得多，但在鏡子中看到自己的臉可能會是深切的提醒，提醒人們總是想要看起來與眾不同，以及伴隨這種渴望而形成的故事。我鼓勵你花時間去觀察和聆聽你的樣貌在告訴你些什麼，然後你可以使用鏡子來協助自己接受那些不舒服的部分，並將它們整合成一個穩固的自我意識。

試試看

想一想在成長過程中所聽到關於你的外表的故事。接著請試著回想外貌對你人生產生什麼重要影響，並把這些經歷錄製成影片日記，最後描述這些經驗如何影響著你。

55

再談自我物化

以世俗的角度而言，我是幸運的，因為我擁有他人眼中頗為理想的外貌特徵。但是我經常想著：如果我天生頭髮偏黑或皮膚偏黑怎麼辦？如果我缺了一根手指或腳趾怎麼辦？如果我有殘疾，不能像正常的嬰兒那樣健康地生活怎麼辦？我會被留在貨架上嗎？我是不是就不會被任何人帶回家？

無論我們喜歡與否，在生活中我們都扮演著不同角色，我們與人訂立契約成為他們的東西：無論是快樂的女兒、忠誠的丈夫、才華橫溢的學生、有抱負的員工、有愛心的母親等等，這個清單還會一直增加。

試試看

花點時間記下所有你能想到的，自己在生活中所扮演的角色，然後對每個角色思考以下的問題：

你的外貌與這個角色有關嗎？

你喜歡扮演這個角色嗎？

你在這個角色中感受到的主要情感是什麼：愛、悲傷還是憤怒？

你爲了誰而扮演這個角色？

你扮演這個角色能得到什麼？

這個角色反映了什麼給你？

這個角色適合你嗎？

你想扮演這個角色嗎？

試著看著鏡子裡的自己，去思考這些你扮演的角色，以及上述相關問題。或者錄製影片日記來討論這些角色和問題，之後用正念來觀看這部影片，看看你能覺察到什麼。

你可能會給自己設定一個獨特的性格或角色，但面對不同的人，你可能會展現不同的行爲和方式，例如如果你有配偶和年幼的孩子，那麼你與配偶在一起時的行爲，可能會與跟孩子在一起時的你不同。同樣的，你與雇主交談的方式，也會與和自己最好的朋友或母親交談的方式不同。你能在鏡子裡看出自己在扮演這些不同角色的細微區別嗎？

你可能無意中參與了一項關於如何看待自己不同角色的自然觀察研究（naturalistic study）。當疫情迫使世界轉向視訊會議而不能面對面交流時，許多人發現在鏡頭下親眼看著自己在工作中扮演不同角色或者與朋友交談，這讓他們感到不自在，甚至會讓他們分心。似乎看著自己會讓他們產生一種不協調感，甚至令人感到不快。

基於我長期使用鏡子來協助人們看著自己，早些時候有一些記者來詢問我，想了解面對面互動的減少和視訊會議的增加，對人們的心理會產生什麼影響。多年來，我一直在用鏡子幫助人們克服與外表相關的自我批評，讓人們可以更加自在地面對自己。因此當記者尋求如何協助人們可以自在的在視訊會議上看著自己的建議，我只有告訴他們：全然地接受這一切。你看著別人，也讓他們看著你，我們的處境其實都是相同的。我告訴記者，在通話開始之前，我們都應該先花些時間以善意看著自己，接著再進入會議。但這顯然不是他們想聽到的，因為我的建議被一些可以速效緩解視訊會議空間內親密強度的訣竅所淹沒，例如：「離鏡頭遠一點」、「如何隱藏自己圖像的技巧」。視訊會議疲勞在這時期也受到了許多關注，尤其是得長時間看著這麼多人的臉孔、直面他人的情緒還有與正題無關的非語言線索，都會讓人感覺非常疲憊。

鑑於此時期的艱難背景因素，以及為了能與學生們維持直接聯繫，我拒絕因自己的不完美而逃避視訊，而且是時候實踐我一直宣揚的自我接納和自我同情了——允許自己用最真實的樣子示人。我全然接受在視訊會議中看著自己，儘管在鏡頭前看著自己並不像在公園中散步這麼輕鬆，我中年的臉龐明顯疲憊而憔悴，完全與我十九歲的學生們容光煥發的青春面容形成鮮明對比，但是不迴避自己的倒影，反而讓我獲得一些重要的體驗。

而且視訊有一些令人意想不到的好處：與課堂相比，視訊對於臉部表情的直接反饋，可以讓我了解自己的表達方式和講述內容會如何影響學生。例如當我無意中打斷了一個急於表達觀點的學生時，我發現自己忍不住皺起眉頭；還有當我一進入會議時，學生們都會露出認可的微笑。

我越來越享受這種即時反饋，沒過多久，我甚至開始會回看每一堂課的錄影，因為不查看錄影，我就沒有機會意識到自己說錯了或忘記傳達哪些重要內容，那就無法在隨後的課程中更正或補充這些錯誤。

每次連上視訊的一瞬間，毫不誇張地說，像是邀請學生到家裡來。這種角色瞬間切換的感覺，可以讓人們覺察到自己在扮演的不同角色：無論是完全獨立還是重疊的角色。例如穿著睡褲，你會意識到自己是個教授嗎？當你的貓忽然出現在一個重要的商務視訊電話中，你對自己的角色感知會發生什麼變化？很多人都一致認同，在家裡和在鏡頭前扮演一樣的角色，感覺是截然不同的——這會是一個多麼好的自我整合機會。

56 煤氣燈效應

人們可能會為了自己的意圖而用扭曲的方式去反映他人，一種常見的方式被稱為煤氣燈效應（Gaslighting）。煤氣燈效應一詞來自一九三〇年代的同名戲劇和電影改編作品。在故事情節中，丈夫故意的改變或操控生活環境中的細節，並在妻子指出這些變化時，堅稱她是錯誤的、一定是妻子記錯或妄想，來說服妻子相信自己快瘋了。戲裡有一段情節就是丈夫慢慢地把家裡的煤氣燈調暗，但卻堅持煤氣燈一直都是相同的亮度從來沒有改變過，讓他的妻子開始懷疑自己的看法。

現在煤氣燈這個詞已經變成代指試圖操縱他人對現實的看法的專用名詞。但首先需要知道的是，對他人進行煤氣燈行為的方式有百百種，從戲劇中那種勾心鬥角到非常溫和輕微的方式都有。在某些情況下，人們甚至可能沒有意識到他們正在對別人煤氣燈操縱。

煤氣燈的運作原理是基於心理學中的認知失調（Cognitive dissonance）理論。認知失調是指人類幾乎無法同時抱持兩種相互衝突的信念而不造成心理壓力或失調。

舉一個在生活中常見的典型煤氣燈操縱行為：一位母親對她的孩子大吼大叫，但這位母親認為自己是非常愛孩子的好母親，她只是對孩子大吼大叫，因為孩子現在正在哭鬧。這些是在認知上不相容的事實：怎麼能在做一個好媽媽的同時，又衝著孩子大吼大叫呢？因此她需要改變自己的認知來平衡這個衝突：也許她不是一個好媽媽？也或許，她並沒有吼叫，她只是提高了一點音量，是她的兒子太敏感、太過分了。然後她的孩子可能會問：「媽媽，你為什麼對我大吼大叫？」

無法言說的孩子，會透過眼淚來無聲地詢問，因為這孩子也在經歷認知失調：他相信母親是安全的，不會傷害他，但她卻大喊大叫，傷害了他。後來他的母親告訴他：「我才沒有對你吼，是你太敏感了！」這孩子的認知失調也解決了：他的媽媽很好、還是安全的媽媽，是他太敏感了，他沒有理由哭。

他們兩者都完全沉浸在煤氣燈效應裡。這位母親認為自己是一個好媽媽，所以她沒有動力去改變自己憤怒的行為。她的兒子為了能繼續相信自己的母親是善良和安全的，必須不顧自己的真實感受和對母親行為的真實反應。他可能會概括承受一切，學會不要相信自己的直覺和自然反應，並覺得當別人辱罵自己時，是他的感受太過於敏感和反應過度，因此這孩子未來可能會認為即使有人對他大吼大叫，但這些人仍然是安全的，並且關心他的利益。

孩子特別容易根據父母告訴他們的「準確訊息」而產生認知扭曲。終其一生，我們很容易期待他人來塑造我們的現實，因此隨著時間的推移，我們就會遺忘自己的真實感受和反應。我們想要相信自己是安全的和被愛的，不想感到不舒服；但事實上，不舒服的狀態往往是帶領我們通往真相和成長的必經之路。

認知失調（Cognitive dissonance）是透過維持錯誤信念來阻止自己看到真相。例如有時你會發現自己不太想照鏡子，思考一下是否是因為看著自己會讓你產生一些認知失調。

布萊德相信自己身處幸福、忠誠的關係中。但是家裡走廊上的鏡子對他講述了一個完全不同的故事。當他的伴侶在身邊時，布萊德瞥見鏡子裡自己的臉因煩惱而皺在一起；當伴侶不在時，他的臉卻顯得放鬆而平靜；在走廊向伴侶打招呼時，布萊德甚至發現自己在假笑。但顯然布萊德還沒準備好檢視自己對關係的真正想法，因為他認為是鏡子已經過時了，並改用表面不反光的新藝術品取而代之。

如果你還沒準備好去面對關於自己和信念的真相也沒關係。培養覺知，並接受自己還沒有準備好去面對某些事情，讓自己覺察同時允許自己的無法面對，這通常是最具善意的照顧自己方式。我們可以好好照顧自己的同時，致力於自我成長，這兩種作法並不矛盾。

57 始終如一，建立信任

如果我們的感受沒有被看到和被如實反映，很可能會形成某些對自己沒有益處的應對方式。例如在第六部中的安柏，她在辨識、理解和表達自己的感受產生了困難，因為父母在她的成長過程中沒有認可她的「消極」感受。童年時期缺乏被如實反映的另一種表現形式是誇大危機、創傷和困難，在旁觀者眼中，這些人的反應可能遠超乎事實，但這通常是在他們早期學習經驗中行之有效的表達危險或痛苦的方法。

例如艾美經常被貼上「戲精」、「公主病」、甚至是「賤人」的標籤。因為每當與他人出現問題時——無論對象是與家人、朋友、她的情人，甚至只是客戶服務代表——艾美都會把它變成大事。

艾美每次開始面對問題時，就會焦慮感飆升，讓她陷入恐慌。似乎每當艾美意識到有潛在的問題，而且必須向他人尋求協助時，她就會開始懷疑和焦慮是否有人真的會伸出援手。她對這種信念的反應就是開始誇大問題，以便說服別人這件事有多嚴重，讓他們不得不伸出援手。不幸的是，這種策略常常適得其反，因為她的誇張反應反而會使人們感到惱火和懷疑。艾美並沒有讓她的痛苦如實地被看到，所以她也無法獲取所需的支持。

當我們一起練習鏡子冥想時，她覺察到，每次遇到問題時，她的內心都充滿了無助感，所以透過把事情變得更加戲劇化，她感受到一種掌控的快感，儘管這種掌控感往往是一種幻覺。她追溯到自己的童年，當時父母總是不相信她的抱怨，忽視或輕視她的痛苦。而現在身為一名成年人，她認為讓別人看到問題的唯一方法，就是讓他們像她一樣感到不舒服。長此以往，導致現在每當艾美難過時，大家總是對她避之唯恐不及，但諷刺的是，這是艾美最害怕的事情。

艾美該怎麼打破這個循環？透過鏡子冥想和影片日記，她練習在各種痛苦狀態下看著自己。艾美在恐慌、憤怒和困惑漫天襲來時錄製影片日記，也用影片記錄自己責備他人和說他人壞話等行為。等到艾美處於一個平靜、中立的狀態下時，她全神貫注地的回看了這些影片。當她看著影片中的自己時，一開始覺得惱怒，接著感到尷尬、無助，到最後變成同情，她覺察到這些強烈而痛苦的表達方式，給每個人都帶來更大的壓力。

透過研究自己的影片日記，艾美理解了自己的反應。她對於自己什麼時候會陷入誇張的反應，有了更清楚的覺知，並學會了暫停、深呼吸、集中注意力並回到當下。艾美還錄製了一段平靜的自我對話的短影片，讓自己陷入痛苦的時候可以觀看。透過這些練習，艾美能夠在慌亂尋求幫助之前先讓自己平靜下來。

但尋求幫助依然是艾美最迫切的挑戰。我建議她先大量練習自我接納（self-acceptance）。她這輩子可能成為不了一個超級淡定的人，但可以和內在的感覺保持準確和一致。以前當艾美覺得人們在批判或懷疑她的主張時，她常會開始誇大和加強戲劇張力，無論問題可能是信用卡對帳單有誤、男朋友的觀點與她不合、或者母親的要求似乎不太合理，艾美覺察到當別人開始質疑她時，她就會開始懷疑自己的反應，然後進入戲劇化狀態。所以我建議艾美練習相信自己並實踐絕對的誠實。

艾美意識到，當她心煩意亂並試圖解決問題時，會尋求自己的感受得到他人的證實，但這通常對其他人來說太難以負荷了。因為艾美經常反應過度，其他人會變得惱怒並遠離她，最後她會獨自面對問題。我建議她把自己的反應和問題本身分開，也就是把「驗證自己的反應」和「解決問題」視為兩件的事。

我鼓勵艾美要相信自己偵測問題的能力。而這麼一想，艾美才發現很少有問題是她想像出來的，事實上她通常都是比其他人更早發現問題的那個人。艾美有一個預警系統，一位很有洞察力的朋友稱她為「煤礦中的金絲雀」，以描述她比其他人能更早察覺危險的能力。這種敏感性是艾美必須學會多加善用的一項寶貴天賦。

關鍵是做到始終如一。現在遇到問題時，雖然艾美的反應還是會很強烈，但無論別人對她的評價如何，無論問題的情況如何，她學會了不斷尋求解決辦法，不會因為挫折而退縮，也沒有誇大和強化事實，而是始終如一地面對自己和手頭上的問題。

透過了解自己是誰，並讓別人看到真實的自己——始終如一——這能讓我們建立自信，並讓他人相信這就是你。如果你隱藏自己的真實反應或改變它們以獲得別人的特定反應，這會破壞你的自信心和其他人對你的信任。引用亞伯拉罕·林肯（Abraham Lincoln）的話：「無論你是誰，請做一個好人。」（Whoever you are, be a good one.）我會補充說：「做一個好人，一個始終如一的人。」

艾美知道她永遠無法成為淡定的人，但她能透過一致性，建立更值得信賴的關係。她學會了接受自己的強烈反應，並將自己的反應與尋找解決方案分開看待。這些學習和改變，最終讓艾美找到會持續支持她，並欣賞她的敏感的人。

58

如果你真的了解我

在痛苦的分手後，凡妮莎決心改變她的約會方式。她花了好幾個小時觀看有關約會技巧的 YouTube 影片，忍不住點開標題為「讓任何男人愛上你」和「讓男人失去興趣需避免的行為」的影片。然後她參加了一個名為「吸男磁鐵」（The Man Magnet.）的線上課程，這課程讓凡妮莎徹底脫胎換骨。她學會了如何讓自己舉手投足誘人且散發著高度自信，她練習性感的肢體語言，以及如何以會讓男人發狂的方式與他們交談和調情。男人們開始蜂擁而至，無法抵擋凡妮莎的魅力，她沉浸並享受著所有的關注。

最終凡妮莎讓史考特進入她的生活，在熱戀幾個月後，他們決定同居了。但就在這之後，一切都變了。史考特當初愛上的是性感迷人的凡妮莎，他還沒有見過她的其他面貌，例如她感冒的時候、發胖的時候、或者因為沒睡好而脾氣暴躁的時候。史考特並不想關心凡妮莎成功的事業背後有多少努力，總覺得她的成功似乎輕而易舉。他也沒有看到她在面對生活中的人與問題時的焦慮或不安全感。

事實上史考特不想看到凡妮莎的這些面貌——他只想看到一個性感的女朋友、毫不費力地經營著她的成功事業，而且總是維持著輕鬆的好心情。

因此當凡妮莎心煩意亂或不像平常那樣有吸引力時，史考特會盡量不去面對，希望等待這些時刻過去後，他有趣、性感的女友就會回來。凡妮莎知道史考特不想面對她心情不好的時候，如果她想告訴他一些自己的困擾，她的男朋友就會試圖將話題轉移到輕鬆、有趣或吸引人的主題上。史考特不是壞人，他只是沒有意識到凡妮莎具有很多面相，她根本不可能二十四小時都扮演吸男磁鐵。

史考特的行為引發凡妮莎的焦慮和羞恥感。她開始覺得自己不僅僅是一個心情不好的人，更是個讓伴侶失望的掃興鬼。當她只想穿上瑜伽褲和吃冰淇淋，而不是為史考特穿上她的吸男磁鐵服時，她開始批判自己是「自私的」。

和許多人一樣，凡妮莎在腦海中有一個「如果你真的了解我」的劇本，當她與某個特別的人變得更加親密，並向對方展示更多的自己時，這個劇本就會被啟動。很多人會認為如果別人看到了自己真實的一面，他們就會被拒絕。所以這些人在呈現自己不那麼討人喜歡的一面時會覺得特別脆弱，尤其伴侶的反應會對他們產生相當大的影響。

凡妮莎和史考特分手後，她意識到讓別人看到真實的自己，對她而言是多麼困難的一件事，但這情況似乎無解：為了維持一段浪漫的關係，她必須一直以討人喜歡的方式與人相處，這幾乎不可能辦到；可是一旦顯露自己的真實面貌，她就會被拒絕。

我建議凡妮莎用鏡子冥想來接受真正的自己，讓自己理解並不是每個男人都會喜歡她。她希望每個男人都會愛上自己，以撫慰上次分手後受傷的自我，但是為了找到讓她更滿意的親密關係，她需要重新訂定約會的方式。

要知道一個男人是否適合她，凡妮莎必須在約會的初期就展現出真實的自我。我跟她解釋道，在第一次或第二次約會時就發現彼此不合適，會比幾個月或一年後才意識到這人不適合自己，來得容易處理得多。

凡妮莎在戀愛中想要什麼？熱情、包容、肯定與讚美，對方最好是一個能清楚且友善地看著真實的她的人。她想要一個能全然的接受並愛著真實的自己的男人。

因此當她進行鏡子冥想練習時，她就只是坐在自己面前，給自己一個她希望那些男人們也可以看到的倒影。凡妮莎會在影片日記中分享她的想法、感受和對未來的計畫，就像是她在一天即將結束時和男友閒聊一樣。她練習做自己、陪伴自己。

當凡妮莎觀看自己的影片時，她發現自己一直以來想跟他人分享的感受和見解是多麼的有深度，她為什麼要把自己弄得那麼膚淺呢？為什麼會想要讓自己看起來全世界的男人都會愛上她？

現在當凡妮莎開始尋找伴侶時，她還是樂於打開自己的吸男磁鐵來吸引對象，然後隨著對這些男人的了解，她也會隨之展示自己的其他面貌。她依然很能洞悉約會對象的反應，但現在的她會選擇如實看著他們，而不是用自己的性感來操控對方以她想要的方式回應她。

凡妮莎現在會關注這些男人們的真實自我以及真實感受，因為這樣才可以清楚觀察到對方是否願意看到真實的她。如果對方只想看一個性感吸男磁鐵的角色，她就會停止和這個人約會並繼續尋找。最終凡妮莎遇見了皮耶爾，一個可以讓她完全做自己的男人，皮耶爾欣賞她的複雜性——他看到了她的不同面貌，全然地愛著並接受她的一切。

看到自己並讓別人也能看到真實的自己，這需要練習。當你允許自己被看到時，你也給了別人展示自己的自由。

59

被看到的信心

其他人注視的目光和隨之而來的評論影響力是非常強大的，這就是為什麼許多人不願意被他人關注。但是如果你想要影響他人、改變世界，或者只是想要讓其他人接受你對某些事物的看法，那麼你就需要對「被看到」這件事情感到自在。相同的，如果你希望真實的自己能被愛和為人所知，那麼你所展現在他人面前的就必須是真實的自己。

認識真正的自己並定期進行鏡子冥想和影片日記等練習，可以幫助你更有信心被人看到。當越來越習慣照鏡子，你就會看到以前從未發現過的自己。我們往往比自己所意識到的還要複雜，如果能徹底的了解自己，就不太會被別人對自己的評論和反映所蒙蔽。

聖雄甘地的名言（Mahatma Gandhi）：「幸福就是當你所想、所說和所做的事都和諧一致。」這句話對我而言就是真實性和完整性完美結合的定義。英文「完整」（integrity）來源於整合（integration）這個單字，因此有勇氣的站在他人面前並被看著，可以建立自我的完整性。

周哈里窗（The Johari Window）是一種協助人們更清楚的了解與自己和他人的關係的技

術。周哈里窗區分出四個象限供人們自行查閱：

自己與他人都知道的。（開放）

自己知道，但他人不知道的。（隱藏）

別人知道，但自己不知道的。（盲目）

自己和他人都不知道的。（未知）

別人是站在他們的角度看你，所以肯定和你看自己的角度有不相同的地方。找到願意如實向你分享他們對你的看法的人是很寶貴的，敞開心扉接受他們對你的印象，可以協助你照亮盲點。

試試看

你可以試著在不同的環境下看著自己並讓自己被看到。

這裡有一些建議：

1. 定期對自己的視訊通話進行錄影，回看時請注意你的臉部表情和非語言行爲、觀察別人如何與你互動。放慢影片並用心觀看，看到自己在影片中與他人互動時，你有沒有任何覺察或情緒？

2. 試著找個特定的時間，讓人們在沒有任何目的的情況下看著你，不需說話也沒有觸碰，就只是看著。嘗試一到兩分鐘，最多十分鐘，讓自己被另外一個人注視著。你可以在各種情況或環境下做這個練習。

在我的研討會的一個公開演講環節，我讓每位學生輪流站在全班同學面前，讓他們被全班看著。這讓他們感到極度不安——但也讓他們得到難以置信的解放。這樣的練習可以讓你理解到棍棒和石頭可能會打斷你的骨頭，但目光永遠不會造成實質傷害。

3. 與浪漫伴侶來個目光約會。

如果你發現與他人在進行親密行爲時，會想避免對方看著你或你的身體，例如做愛時得熄燈，那麼目光約會對你而言會是值得嘗試的體驗。與身體上的接觸不同，試著讓你的伴侶看著你，不說話也不碰觸你，讓他們的目光在你身上四處遊蕩。你還可以試試看穿著不同厚度或層數的衣服，來進行這個練習。感受一下讓自己以這種親密的方式被看著是什麼感覺？然後，切換角色讓自己看著他們，最後與你的伴侶分享自己的體驗。

4. 想想在生活中所扮演讓你最感到自豪的角色，受人欽佩的那個角色。這並不是自戀，而是滿足人類必須崇拜他人的需求。這種認可可以很簡單，例如有人稱讚你時停下來，認眞的面對他們的關注。如果你是父母或領導者，可以觀察其他人如何依賴你的指引。停駐，允許自己被他人仰望。

5. 如果遇到認爲你長得漂亮的人，停下來，允許自己被稱讚是漂亮的。

6. 如果你發現其他人看到了相反的或不準確的自己怎麼辦？能夠將他人的投射與你對自己的看法區分開來非常重要。看到有人用輕蔑或懷疑的眼光，或者任何你最害怕的方式看著你，這是非常有挑戰性的，但如果你能忍受，最終會發現這些挑戰可以爲你帶來難以置信的解放。你會因此學會容忍他人誤會自己，而不是躲起來；再也沒關係了，不必隱藏或變得隱形，也不必因爲想被如實看到而跟他人爭辯，你可以讓他人看著自己，允許自己被看到，無論這過程有多麼不完美。在下一章節中將探討我們的投射如何妨礙自己準確地看待他人。

第十部

以清晰和同情的眼光看待他人

60

你在別人身上看到什麼？

多年前，我參加了一個研討會，研討會裡進行了一個我畢生難忘的熱身活動。講師讓我們四處轉轉，然後停下來向最近的人問：「你是？」此人被指示不得回應。每個人都體驗到去跟現場許多素昧平生的人問「你是？」的感受，我們也多次成為這個問題的接受者。問題和沒有答案之間的空間很有啟發性，它讓我意識到我認為別人似乎總想從我這裡得到些什麼，我也同時意識到自己似乎也一直想在他人身上尋找些什麼。那次的停頓練習深刻地改變了我看待與他人交流的方式。其他人對我的期望（通常是想像的）讓我深感不適，而且我意識到自己是多麼容易對他人產生批判，甚至對方連一句話都還沒說。

你能回想最近一次有人沒在你認為應該的時間範圍內回覆你的電子郵件、簡訊或電話的經驗嗎？你的腦海裡閃過什麼樣的想法？你應該也有過這樣的經驗，等待中的恐懼念頭，往往會化為實質的文字被你傳送出去。我們對他人最深的恐懼常常會在這些交流的停頓中滲透進來。當缺乏資訊時，我們的頭腦會開始往最壞的方向想。

前面我們已經做了相當多的努力，來提高自我覺察和自我同情，接下來我們將學習如何應用這些知識來看待生活中的其他人。現在先讓我們用心理學來探討清晰和同情的看待他人這件事情。我們對這個世界及生活其上的人們的看法來源可能是由過去的經歷、信仰、當前的需求和願望而塑造，而來源並不僅止於上述這些，一些常見的偏見會妨礙我們準確而友善地看待他人。雖然我們可能永遠無法全然的客觀，但可以覺察到自己的偏見並試圖去擴大觀點。

在社交情境中，我們為了處理所有接收到的訊息，發展出某些認知捷徑來幫助自己了解社交環境。其中一些捷徑非常有用，而有一些捷徑可能會給我們帶來麻煩。社會心理學家已經確認了一些人們試圖理解他人或與他人互動時存在的認知偏誤（perceptual biases）。

一個是**確認偏誤**（Confirmation Bias）：這是對某人產生一個或者一組先入為主的假設，這些先入為主的想法往往會引導我們談話的主題和行為，來確認這個假設是正確的。我們會尋找關於此人的各種訊息來驗證對他們的假設，如果得到的是否定的資訊就會造成認知失調，導致我們得改變對這個人的看法。

理論上來說，確認偏誤似乎對我們有好處，因為人們比較喜歡可預測和掌控的感覺，知道某人是誰以及該對他們有什麼期望（即使這是錯誤或不愉快的認知）通常比面對不確定性感覺更容易些。

我們使用標籤來幫助自己了解其他人和他們的動機。通常這些標籤並不是很準確，但卻是幫助我們處理對他人的焦慮和期望的便捷方式。以下舉一些示範性的例子。

給一個男人貼上「玩家」的標籤可能意味著他具有性吸引力和自信。當你發現一個男人既吸引你又令人不安時，就給他貼上「玩家」標籤，這會讓你有一種不會被他魅力吸引的自控感。但事實上，這個男人的確有自信並且被你吸引，但現在他感覺受到了批判。

給他人貼上「混蛋」的標籤，很可能是因為他們做了一些給你帶來痛苦或極為不便的事情，而他們似乎完全沒有意識到。但事實上，這些人過去的確犯了一個他們沒有意識到的錯誤，給你帶來了痛苦；但他們現在正試圖彌補錯誤，卻發現非常困難，因為你正在咒罵他們。

給一個女人貼上「女巫」的標籤，可能意味著她沒有遵守你認為女性該有的良好行為準則。其實是因為她的行為是強大而且不可預測，你覺得有種威脅感。事實上，這個女人只是不想遵循性別刻板印象，也不想做一些只是用來讓你覺得安心的行為。

我們總是對人們做出隨意的假設。例如你走進一個房間然後被絆倒，你可能會環顧四周，看看是什麼東西害你被絆倒；但是旁觀者可能只覺得是你笨手笨腳，這種解釋行為的方式被稱為**基本歸因謬誤**（fundamental attribution error）。

當我們試圖理解和解釋自己的行為時——尤其是不利的行為，我們會傾向於尋找外部因素，例如地板上的水或鬆開的鞋帶；但當我們試圖理解和解釋他人的行為時，往往會關注他們的內在特徵，例如笨拙、茫然或粗心，對於他人，我們會覺得他們比環境或背景因素還醒目，但如果是以自己為出發點，我們會更容易看到整體。

人類所關注的焦點通常與進化當中形成的需求有關，我們要抵禦來自環境的威脅，同時組建並維持最有利的社會關係。而接下來，我們將探討如何將注意力從尋找威脅轉變成在視覺上保持好奇心。本章會提供許多以更豐富的同情心和更清晰的角度來看待他人的見解和建議，還會討論眼神交流的力量，以及如何抱持著同情心來看待並協助他人，而不會讓自己感到不知所措。我們還將探討常見的認知偏誤和負面情緒，我們用它們來防止自己陷入焦慮，但最終卻會在自己和他人之間造成很大的距離。了解自己的認知偏誤，以及誤解他人的方式，會有助於明顯改善人際關係。

61

用愛看著

鏡子冥想的首次公開是二〇一六年在紐約市魯賓藝術博物館（the Rubin Museum of Art in New York City）舉行團體體驗活動。六十名對這種新的冥想形式充滿好奇的人聚集在博物館的廳堂中，默不作聲坐在一張長桌的兩旁，一種神聖和崇敬的感覺瀰漫在空氣中。坐定位了以後，他們掀開面前的座檯鏡上的黑色罩子，開始打量自己。博物館裡雖然收藏著許多精美的寶物，但他們的目光卻只盯著鏡中的寶藏。

我帶領他們使用鏡子冥想來釋放自己的批判並放鬆的接受自我，然後試著以同情心來看待自己。隨著冥想的深入，我忽然得到了神聖的靈感，讓他們抬起目光，看著對面的人（通常是陌生人）。突然間，氛圍變得輕鬆起來，所有人眼睛都閃閃發亮、綻放笑容，一切都變得如此閃耀和神奇。英文有一句話：「眾志成城」（Many hands make light the work.），而這一刻，彷彿有無數雙眼睛點亮了這個廳堂內的作品，當我親眼目睹這群人以善意相待的力量時，我明白了為什麼人們總說眼睛是心靈之窗。

看著別人的眼睛既可怕又迷人，這是怎麼回事？

眼睛是我們最具表現力的臉部特徵，可以傳達一系列社交線索和情緒，而這會對我們的社交互動產生深刻的影響。直視或移開目光都會產生強大的效果，研究發現，直視與自信、興趣和吸引力有關；而轉移視線與缺乏自信、拒絕和被社會排斥有關[62]。

此外，許多人認為目光接觸是一種值得信賴的徵兆，我們傾向相信一個會直視我們的人。反之，不看他人的眼睛通常會與說謊聯想在一起。所以如果你想讓另一個人對自己產生信任，就必須習慣進行眼神交流。

我們透過觀察他人的眼睛來獲取有關對方情緒狀態的線索。二十年前，劍橋大學的一組科學家發展了一項名為「用眼讀心」（Reading the Mind in the Eyes）（簡稱「眼神測試」）的測試。該測試讓人觀看一系列僅人眼局部的照片[63]。該測試結果顯示人們僅透過看眼睛就可以快速理解他人的想法或感受，他們不需要嘴部區域或臉部其他部位的資訊，就能準確讀取他人的情緒狀態。

這測試還顯示有些人甚至會比其他人更擅長於此，平均而言，女性在這項測試中的得分高於男性。測試結果的準確度也與這些參與者本身的認知同理心（cognitive empathy）、對完整臉部表情的情緒感知辨認準確度以及詞彙認知的廣度有關。這真的是非常棒的發現！難怪眼神交流如此有影響力，因為它可以觸發人際交流，即使只持續了幾秒鐘。

凝視能使眼神接觸更進一步。凝視是長時間注視某人眼睛的行為，也是一種有效且親密的練習，可以協助你與他人建立更親近的關係，有利於培養更深層次的連結。長時間的眼神交流也有利於你的社交關係，因為可以練習辨別和理解他人的情緒。

當我們凝視彼此的眼睛時，會產生情感上的聯繫，催產素這個賀爾蒙就是其中的助力之一。催產素被稱為「擁抱荷爾蒙」或「愛情荷爾蒙」，因為它與對偶連結（pair-bonding）、溫暖的感覺、親密的渴望和信任有關。催產素有助於加強母親與嬰兒之間的早期依附關係以及伴侶之間的羈絆。

最近的研究表明催產素在我們與寵物狗的親密關係中也發揮著作用[64]。相互凝視會增加人和狗之間的催產素濃度。當狗聞到催產素時，它們會持續眼神的凝視，這對它們的主人有正向的影響力。所以，如果沒有辦法找到另一個人來凝視，可以考慮凝視你的狗兒深情的眼睛！

凝視作為一種專注的練習，有著悠久的歷史，幾個世紀以來，人們一直在用凝視加深他們的性和精神的連結。

譚崔是一種基於印度教和佛教的古老哲學，主要透過冥想、吟頌真言和儀式來達到精神啟蒙。譚崔凝視（Tantric eye gazing）是一種流傳久遠的功法，在譚崔凝視期間，修煉者要深深地注視伴侶的眼睛，以促進精神和性方面的連結。

有很多練習凝視的方法，以下是其中一種基本的方式：

一、坐在舒適的位置，面對你的夥伴。

二、用計時器上設定所需的時間，接著開始凝視你對面夥伴的眼睛。

三、放鬆身體，深呼吸，讓自己自然的眨眼。保持目光柔和，盡量不要移開視線。

四、計時器響起時，將視線從夥伴身上移開。

練習的目的是在不說話的情況下與你的夥伴連結。一開始練習凝視如果讓你感覺不舒服，那就從較短的時間開始，例如練習注視三十秒就好，然後逐漸增加，最多十到二十分鐘。

也許凝視最適合用來激發浪漫情懷，然而有些凝視的方式可能更有助於建立非親密關係中的連結和信任。面對面的凝視可能會有點令人緊張，用鏡子凝視你的夥伴可以緩和一些強度，但依然能促進深厚的連結。

你可以使用鏡子來練習與他人之間建立信任感，還有提供和接受支持。在一面大鏡子前放一把面對鏡子的椅子，接受支持的人坐在鏡子前的椅子上，提供支持的人站在坐著的人的身後，並且透過鏡子看著坐著的人以進行眼神交流。這個練習會是非常觸動心弦的體驗：用眼神來表達一個人支持著另一個人；如果你願意的話，他們就站在身後支持著你。這是不用言語表達對他人的支持的好方法。如果感覺舒服，站著的人還可以把手放在對方的肩膀上。

在前面的提到的自我鏡像（self-mirroring）研究中使用了這種方式，治療師在客戶練習解決他們的問題時會站在他們身後。

你也可以在鏡子前並排放置兩把椅子，在鏡子裡與夥伴練習凝視。當我與一位非常有創造力的好朋友發生爭執時，發現了這一點。當時我們碰巧在一個空蕩蕩的瑜伽館裡，因此我們在工作室的大鏡子前並排放置了兩把折疊椅，並排坐著、手牽著手，一起看著鏡子進行眼神交流，討論這個問題。這是如此強大而有效：我忽然對她的觀點和情緒產生某種理解，這是我們面對面溝通無法產生的理解。

當我們一起發想創意專案時，偶爾會為了好玩而這樣做，如果我們在一個問題上卡住了，其中一人會提議：「嘿，我們去照照鏡子吧！」，並排凝視鏡子確實能協助我們改變觀點。在爭論中，我們的看法會限縮到一個人對，另一個人就是錯；或者一個人是好人，另外一個人就是壞人。當看到自己又看到另外一人時，就很難使用非黑即白或兩極分化的思維方式，因為你會同時看到自己和他人的觀點。並排鏡子凝視還能分散任何強烈的情緒，例如憤怒，這些情緒在直接的眼神交流中可能會加劇，並妨礙溝通的成效；但當你與他人交談，同時還可以看到自己，這將徹底改變遊戲規則。

「用愛看著」（Looking through the Eyes of Love）是創作歌手梅麗莎　曼徹斯特（Melissa Manchester）的一首歌，這也是一個很棒的策略！

62

慈悲看待並付諸行動

有一次我騎著自行車下陡峭的山坡，騎到一半輪胎卡到了下水道的格柵，我瞬間被彈起，越過車頭，以極大的力量著陸，以至於我當場趴在地上喘不過氣來。時間像是靜止一般，我驚慌地趴著大口喘氣；當我終於緩過來後，抬頭看到自己落在一群穿著西裝等公車的人的腳邊，眾人一臉不自在，紛紛移開目光，沒有人主動幫助我，甚至沒有問一聲我是否安好，有些人假裝沒有注意到我，有些人似乎被嚇呆了，動彈不得。他們似乎也不是有敵意或不友善，向我伸出援手明明也沒有任何危險，發生了什麼事？他們為什麼不幫忙？

社會心理學家將這種群體不向有需要的人提供幫助的傾向解釋為旁觀者效應（Bystander Effect），人們站在一旁想著自己該做些什麼，卻發現在場所有人都沒有行動，所以他們決定從眾，而且他們會想：「既然這裡有那麼多人可以提供幫助，我為什麼要幫忙呢？」這讓每個在場者覺得責任被分散。以上是從觀察者的角度解釋旁觀者效應。但是如果有人目睹一個處於困境中的人，卻在沒有危險且成本最低的情況下，沒有採取任何行動提供幫助，那麼他的內心又是怎麼了？

可能會有各種各樣的障礙阻止我們將同情心付諸行動。為什麼向別人表達關心如此困難？我們如何才能以有益於他人的方式做出回應，同時自己又能感到安全呢？

既然你已經掌握了一些更能以同情心看待他人的技巧，接下來讓我們一起思考如何將其付諸實踐。在前面我們已經了解到，避免感到焦慮或威脅的最快方法之一就是逃離。透過將目光從痛苦中移開，我們可以在視覺上逃離具有威脅性或壓迫感的人或情況。

神經科學的研究可以協助我們理解，為什麼對他人的同理心無法每一次都能觸發我們採取行動[65]。人們以同情心回應的能力，可能會被自己看到他人痛苦時的反應所打亂。然而有些人非常善於幫助處於困境中的人，那麼他們是怎麼做到的呢？讓我們把它分成三個步驟。

第一步：辨識痛苦並感受情緒共鳴

如果你無法辨識或感受他人的痛苦，你顯然不會被觸動而去幫助他們。我們通常會透過注視對方的臉來了解對方的苦惱，看到他們臉上痛苦的表情，我們會自然而然的被喚起同樣的感受。如果你想避免這種不適，最簡單的方法是將視線移開或分散自己的注意力，例如你可能會避免直視一個受苦的人，尤其是他們的臉或眼睛，因為這些部位最能傳達情感。把目光移開或避免看到任何讓自己感到不適的人事物，這是一種非常常見而且簡單的控制情緒方法。尤其你當下的狀態已經是在壓力或焦慮中時，你會更傾向於避免感受到他人的痛苦。

第二步：區分什麼是你的，什麼是他們的

如果你把注意力集中在一個痛苦的人身上，自己也會開始感到痛苦，這會讓人非常不舒服，對某些人來說，甚至會讓人感到困惑。如果我們自己充滿了痛苦的感覺，那麼也會難以採取行動幫助他人。一旦與一個受苦的人接觸到足以產生同理心或情感共鳴，它可能會觸發你自己的創傷或無助感，讓你進入戰鬥—逃跑—僵住的壓力反應，來幫助自己減輕、遠離或不要接近痛苦。這樣你可能會陷入無法將自己的感受與在他人身上看到的感受區分開來的困境。

第三步：採取行動減輕痛苦和苦難

因此要展現同情心，你必須要能夠處理自己的負面情緒，而不是進入戰鬥—逃跑—僵住反應。神經科學研究人員發現，有些人可以更妥善地調節自己的情緒，並在壓力下展現同情心並依此作出反應，而另一些人則陷入內在的痛苦反應中，似乎無法提供太多幫助。這種差異是基於身體對壓力的反應——而不是他們對受苦者的態度。

在這項研究中，自我調節的差異是透過迷走神經（the vagal nerve）的活動量來衡量的，迷走神經是讓身體平靜的系統。迷走神經活動的增加會減慢心率並產生平靜的狀態，從而激勵社會參與和與他人建立連結。此外，更活躍的迷走神經活動能夠降低負面情緒（如痛苦），

讓你在面對他人痛苦時可以做出更準確的評估，並決定採取什麼行動來幫助他們。

所以為什麼有些人能自然而然地表現得更有同情心，這可能是因為他們有更好的自我調節能力，可以控制自己的痛苦，然後將注意力轉移到別人身上。事實上，任何人都可以學會更有同情心的去行動。研究已經發現對自己的痛苦展現同情，可以增強人們重新聚焦和有意識的啟動自我調節系統的能力，這些調節系統能讓我們產生安全感來取代威脅和痛苦感。這些自我安撫機制是透過激發特定的積極情緒來發揮作用，例如滿足感、安全感和被愛感，這些都與我們內在的關懷和依戀動機相關。在鏡子冥想中，尤其是第五章的練習，你可以練習自我安慰、情緒調節和自我同情，這會幫助你能更有同情心的回應他人。

63

收回投射

你可以在網上找到大量關於如何判斷你是否被他人投射的文章。但在這裡，我建議你直接假設其他人一直在對你投射，而你也一直在對他們投射。由於你幾乎無法控制他人，而比較能控制自己，因此讓我們專注於認識自己是如何投射他人的；當然，我們會以自我同情的角度來進行。

首先，什麼是心理投射（psychological projection）？

基本上投射就是不看自己，而是看著別人、揪他們的錯。心理投射是人們下意識用來應對不舒服的感覺、衝動或情緒的一種防禦機制，也就是將不愉快的感受或情緒投射到別人身上，而不是由自己承認或處理這些不愉快的感覺。

鏡子冥想通常可以減少投射，因為你正在看著自己，而不是看著別人的缺點。你可能熟悉耶穌的名言：「為什麼看見你弟兄眼中有刺，卻不想自己眼中有樑木呢？」（譯註：意思是為什麼看見別人身上的小問題就想指手畫腳，而沒發現自己身上的大問題。），我將其解釋為：「當你自己眼中有樑木時，為什麼要看你鄰居眼中的刺呢？」當然，很難想像任何人眼中有樑木，尤其是在你自己的眼中，但我想你能明白這個意思。

一些心理學家認為，試圖壓抑某個想法實際上會賦予它更大的力量。不被自己接受的想法會一直存在於內心深處，反而更顯著的影響我們看待世界的方式。

這裡有一些投射的例子：

一個女人非常害怕她的伴侶會違背他的承諾而拋棄她。但她反而可能是那個想要離開他的人，要承認這個想法，對她而言太令人不安了。

一個處於忠誠關係中的男人被同事吸引，但他不會承認這一點，反而可能會指責同事與他調情。

如果有人正在與偷東西的衝動對抗，他們可能會覺得鄰居正試圖闖入他們的家。

當關於自己的某些事情太難以承認時，我們傾向於投射，不去面對它，而是把它扔給了別人，這樣我們就可以控制焦慮，讓痛苦的情緒變得更容易忍受，並避免因為擁有這些想法而導致的痛苦情緒和自我批判。有時候攻擊或緊盯他人的不當行為，會比面對自己可能有這些行為還來得容易些。你對自己的投射目標的反應，可能反映了你對自己的感覺。

諷刺的是，當投射機制運作良好時，你甚至不會意識到自己正在這樣做。投射通常是無意識下發生的，但這些模式是可以有意識的被帶到覺知中，尤其是在治療師的幫助下。當你的恐懼或不安全感被激發時，很自然的會想投射到他人身上，而以下是一個你可以使用鏡子或影片等工具自助的練習。

試試看

如果你認爲自己正在投射，第一步應該是遠離任何衝突。離開一段時間會讓你的防禦心稍微減弱一點，這樣就可以更客觀地分析狀況。然後請用第三人稱視角依次做這三個步驟，並錄製成一個影片日記：

1. 客觀地描述衝突。
2. 描述你所採取的行動和你做出的假設。
3. 描述對方採取的行動和他們做出的假設。

用中立、平靜的角度觀看影片。

然後可以考慮與你的治療師或值得信賴的朋友一起觀看，以了解他們的觀點。

64

當別人看起來很危險時

經歷了一團糟的離婚後，法蘭克搬到了新公寓渴望重新開始。第一天的清晨五點，他被玻璃破碎的聲音吵醒。他躺在床上不斷聽到像是玻璃破碎的聲音，這聲音似乎是從陽臺外面傳來的，於是他起身打開陽臺門往外走，發現了罪魁禍首：一個風鈴！法蘭克立即怒斥：「他媽的！」怎麼會有人傻到把風鈴掛在自家陽臺的正上方？然後他開始懷疑：樓上的鄰居看起來很有禮貌，但似乎不太友善，也許他們以為自己能這麼做而不被懷疑？也許他們想試探他？還是在取笑他？或許是因為他們畢竟生活在他之「上」，所以想宣示主權？也可能是他們覺得生活在他之上，所以比他優越，想要踩踩他的痛處，讓他不痛快？

事實上，法蘭克的鄰居都是非常平和的人，他們喜歡風鈴，這對他們來說就像微風中輕柔的叮噹樂聲，他們以為其他人聽不到這個聲音，更不用說被這聲音打擾了。但是法蘭克卻以此創造了如此令人震驚的故事。

法蘭克具有 A 型性格。A 型性格的人通常對時間有緊迫感並且有很強的競爭欲，他們也會經常表現出強烈的敵意，而敵意與心臟病和社交困難有密切關係。當人們沒來由的有敵意時，有較高的可能性會將敵意歸因於他人。心理學家已經確認了**敵意歸因傾向**（hostile intent attribution, HIA）是真實存在的：在社交情境中將敵意歸因於他人的傾向會對個人產生負面影響。敵意歸因傾向是一種非常特殊卻普遍的投射，你可能已經在網路、街邊或其他地方看到過它，甚至可能親身體驗過了。

我們傾向於將影響與意圖混為一談。也就是說，如果有人對你做了會產生強烈負面影響的事情，你很可能會認為他們是故意的。當我們假設有人是故意傷害自己時，衝突往往會升級。化解的關鍵是將你的反應與客觀的事件分開，然後找到解決方案。更重要的是：不要把任何事情都認為是在針對自己。法蘭克的鄰居並沒有打算在凌晨五點叫醒他，也沒有想要藉此讓他認清自己在這社區的地位。

法蘭克按照上一節最後的練習步驟來處理自己的投射。他先讓自己遠離衝突，然後客觀地描述情況：鄰居家的風鈴打擾了他的睡眠。最後法蘭克透過第三人稱視角檢視自己的假設。

當法蘭克回看這部影片時，視角的轉變讓他意識到自己的假設可能並不準確。糟糕的離婚過程和各種八卦讓他在原本居住的社區失去了地位，而他帶著這種擔憂搬進這個新社區。

法蘭克在一個競爭非常激烈的家庭中長大，他擁有許多兄弟姊妹，彼此之間不斷爭奪父母的關注，並試圖在運動和課業上超越彼此。長大後他們用各種身分象徵來維持自己的地位，例如有吸引力的伴侶、物質財富、尊貴的職位頭銜等。離婚後，法蘭克對自己的身分格外敏感。表層意識上法蘭克認為擔心人們的想法是愚蠢的，因此他很難看出自己是多麼希望得到新鄰居的尊重和喜愛，投射讓他能夠壓抑內在的自卑感和脆弱感。

當法蘭克意識到這一點時，我建議他對著鏡子做一些角色扮演。法蘭克放下敵意的投射，試著開始想像鄰居是通情達理的人，並將專注力放在能與鄰居建立良好的溝通並得到他們的尊重這個他內心最真實的願望上。面對鏡子的角色扮演，讓法蘭克能夠更客觀的看待情況，然後透過事前練習與鄰居的對話，他現在可以與鄰居們進行良好且順暢的溝通。

65

走出陰影：面對鄙視

幾年前，我遇到了一個跟我處不好的室友。某天，當這位室友隔著門向我吼叫著表達需求時，我正在臥室裡錄製影片日記。當我觀看影片時，發現自己的臉在當下瞬間扭曲成一種我從未見過的醜陋表情，看起來像是煩惱、厭惡和憤怒的綜合體。這讓我很好奇，於是查找了一些資料，發現這是鄙視的表現。我不認為自己會對任何人表現出鄙視，但很顯然的，我就是做了，而且還被影片抓了個正著；畢竟這是人類情感的一種，而我是個人類。

對於像我這樣的人來說，鄙視是一種陰影情緒。我長大後並不會把鄙視當作茶餘飯後的話題，至少不會直接談論。字典上說鄙視是一種具有厭惡和憤怒特徵的態度和行為模式，通常是針對個人或群體，但有時是針對一種意識形態。英文的鄙視（Contempt）這個詞來自拉丁語中的蔑視（Scorn）。

鄙視被視為七種基本情緒之一。我們可以將鄙視（contempt）與怨恨（resentment）和憤怒（anger）視為同一連續體，但三者之間的區別在於，怨恨通常是針對地位較高的人；憤怒是針對地位平等的人，鄙視則是針對地位較低的人。

鄙視某人意味著你用高高在上的態度對待某人，覺得對方不值得被體貼或友善地對待。當鄙視他人時，表明我們沒有將對方視為一個人，認為他們低於自己，因此鄙視他們。如果人們與你的政治、飲食偏好、宗教等持有不同意見，你可能就會覺得他們比你低下。我們傾向認為自己是任何辯論中最有見識的人，所以如果其他人不同意我們的觀點，那麼他們就是無知的，比不上我們。

當然，沒有人喜歡被鄙視對待，當對方感覺到被你鄙視時，就很難改變他們覺得你看輕他們的想法。例如麗塔非常害怕回家過節，因為她的家人強烈反對她的政治理念。事實上，麗塔擁有政治學博士學位，所以她覺得顯然自己是最有見識的，也是這領域的專家。然而她受過高中教育的家人們認為她只是傲慢自大——他們感覺被麗塔鄙視——並特意以相同態度對等回報她。

身為鏡子冥想的學生，麗塔一直以為自己是與憤怒作抗爭，但實際上卻是鄙視。她傾向於覺得自己比別人優越，以彌補自己的卑微出身。

我建議麗塔對著鏡子做一些角色扮演練習，請她試著想起會觸發她的情緒的親戚，並想像與他們交談。在她的角色扮演中，麗塔在鏡子裡看到了那天我在臥室裡看到的，當室友對我大吼大叫時的臉孔：鄙視。

當麗塔的臉變得鄙視時，她看到自己的嘴角一側收緊。大多數臉部表情是對稱的，但鄙視的臉會歪一邊。鄙視的表情有時是伴隨著一絲微笑，好像在說：「我很高興看到你多麼自卑。」也可能是憤怒表情的一部分，例如：「你都不知道自己有多蠢嗎！」。鄙視也能藉由壞女孩假笑（mean-girl smirk）來傳達，研究顯示，女孩有更高的可能性會表現出非語言形式的社會攻擊性，例如用輕蔑的表情說出甜言蜜語[66]。鄙視的範圍可以從輕微的戲謔到極其嚴重的貶低。

我建議麗塔花些時間了解自己鄙視他人的一面，這樣她可以擁抱它，並接受它作為自己的一部分。在麗塔的練習中，她在影片日記中嘗試以第一、第二和第三視角來做角色扮演：

我看不起某某某（名字）。

你看不起某某某（名字）。

麗塔感到輕蔑，因爲某某某很……（給你的感覺，例如「噁心的」……）

鄙視通常是一種陰影情緒，因為我們可能沒有意識到自己正在表達它。當我們覺得別人比自己低等時，無論出於何種原因，我們都會認為自己的觀點是合理的，所以往往不會質疑它。但鄙視會在人與人之間造成頑固的分歧，使困難更難以被解決。

對於鄙視在穩定的伴侶關係中的殺傷力，已有大量研究，根據著名的關係研究員約翰．高特曼（John Gottman）的說法，翻白眼、諷刺和辱罵等鄙視行為是離婚的首要預測因素。

偶爾會有鄙視的感受是人性的一部分，但不需要被困在裡面。相反的，你可以把這個感受攤在陽光下，好好檢視，並改變自己的觀點，以更具同情心、更如實的眼光看待他人。

試試看

你可以透過影片日記來看到自己是如何不經意的展露鄙視，以提高自己的覺知。

這個過程分爲三個階段：

第一階段：發洩。如同字面的意思，首先，讓自己盡情說出任何你對鄙視的人（或者任何你覺得比對方優越而且讓你無法忍受的人）想說的話。然後以平靜、中立的狀態觀看這部影片。

第二階段：覺察。在這個階段，請從第三人稱的視角描述你與上述這些人的問題。然後以平靜、中立的狀態來觀看影片。

第三階段：修復。在影片中角色扮演另一個人，想像對方正在觀看你以鄙視的方式描述他們的影片，並從他們的角度分享自己的感受。

這個練習對我和我的學生們來說非常的強大。而做這個練習最重要的是，你要對自己保持同情心並願意提高自我覺知。你可能不會向這些人說出自己的看法和討論這些問題，但經由這個練習，你對他們的看法肯定會獲得改變！

怨恨是鄙視的反面。當感到生氣、自卑和無能爲力時，例如對老闆或任何你認爲比你更具權力的人生氣時，就會產生怨恨的情緒。你也可以做同樣的自我反思練習來擺脫怨恨。

66

外貌偏見：崇拜他人

並非所有的偏見都是負面的，但即使是正面的偏見也可能是不準確的，並且會阻止你與他人建立真實的連結。例如魯比崇拜布魯斯，儘管她的朋友，甚至布魯斯本人都試圖告訴她，他並不是她想像的那樣。

布魯斯看起來像是從*GQ*雜誌封面上走下來的，魯比對他一見傾心，她覺得長得這麼帥的男人一定是完美的、獨特的、心地善良、才華洋溢。但事實上布魯斯完全與魯比幻想的不同，他對性不太感興趣，尤其是對魯比。除了好看的外貌以外，他就是一個普通人，沒有太大的事業心，而且身為一個內向的人，他把大部分空閒時間花在玩電子遊戲上，因為他覺得聚會和社交活動非常乏味。

「外貌偏見」幾乎存在於所有社交場合。研究顯示，人們對外表有吸引力的人反應會更積極[67]。

我們似乎有「美即是善」的刻板印象，這是一種非理性但根深蒂固的信念，那就是外表有吸引力的人也代表他們會擁有其他令人嚮往的特徵，如智力、能力、社交能力技能、自信，甚至美德。美麗的人在社會中具有明顯的優勢。有研究表明，有魅力的孩子更受同學和老師歡迎，這些孩子比較容易得到老師較高的評價和更高的期望（研究證實這可以提高表現）[68]。外貌較有吸引力的面試者有更高的機率得到工作和獲得更高的薪水[69]。

在法庭上，好看的人較少被判有罪，即使被判有罪時，他們的罰責也較輕。然而，研究也表明，「美貌偏見」對這些較有魅力的人的自尊並無助益[70]。為知道自己的外表會影響所獲得的正面評價，所以他們通常不相信別人對他們工作或才能的讚美。

布魯斯以前遇過像魯比這樣的女人，他願意跟她們禮貌的聊天，但他並不想和她們建立關係，主要是因為他感覺到這些女人在甚至不認識他的情況下，就已經打定主意要跟他在一起了。但魯比很難接受布魯斯對她不感興趣，她最終與布魯斯攤牌並問他是不是同性戀，因為同性戀是她唯一能想到他不想和自己出去的原因。

布魯斯拒絕回答這個問題，他的性取向是自己的事，這些女人（和男人）覺得他有吸引力，並不代表他欠這些人一個關於自己性取向的解釋。布魯斯實際上不喜歡和任何一個對他一見鍾情的人約會，因為他知道這最終只會導致雙方都失望。相反的，他還比較喜歡花時間了解彼此，再成為朋友，而不是先發生關係。

與布魯斯相較之下，保羅自稱花花公子，他約會過很多美女，他的朋友稱呼她們為「本月主打」。保羅表面上到處炫耀他迷人的女朋友，但在內心深處，他苦惱於找不到穩定的戀愛關係。保羅約會過的每個女人似乎最終都會背叛他。怎會如此？

好吧，真相是這些女朋友中的許多人都參加過「吸男磁鐵」或類似的課程，學習如何看起來性感、舉手投足都散發魅力以及如何在談話中調情，用誘人的話語來吸引男人。保羅喜歡這些，但他也發現這些漂亮的女朋友們最終都會改變。她們不再早起五十分鐘整理頭髮和化妝，穿上合身的內衣和緊身連衣裙，接著走去廚房，帶著愉快的微笑為保羅做早餐。她們變成早晨會賴在床上睡眼惺忪；她們打哈欠、放屁，甚至還有口臭；其中有些女朋友還喜歡穿著運動褲和舊運動內衣在他的公寓裡走來走去，甚至會在電話裡與閨密開粗俗的玩笑並大笑。

到底保羅漂亮的女朋友們發生了什麼事？每任女朋友讓保羅失望的點都不同，但每一次保羅都會得出相同的結論：「這女人就只是在逢場作戲，因為她想要他的錢！」一旦他揭發了這個女友「淘金者」的真面目，保羅就會大喊：「下一個！」。但他似乎忽略了自己也會賴在床上睡眼惺忪的事實，他也常打哈欠、打嗝和放屁，甚至還會穿著內褲一邊大喊大叫的講電話；不知怎的，這些行為對保羅自己來說完全沒問題，但他的女朋友們是如此的美麗，他希望她們無時無刻都是如此美麗動人。沒有任何女人能夠或願意忍受這不切實際的期望。

魯比和保羅都可以從本章開頭的「你是嗎？」練習中獲益；對著鏡子進行角色扮演也可以讓他們更深入的覺察他們對伴侶的真正需求。也許他們是將自己不為人知的正向品質投射到愛人身上，卻無法覺察自己擁有這些特質。

試試看

下次當你暗戀一個看起來有點夢幻或不切實際人的時，用影片日記來嘗試下面這個練習：使用第三人稱視角並按照下列步驟順序，用影片日記來紀錄內容。例如：「塔菈非常喜歡某某某（名字）。」

1. 客觀地描述你覺得這個人有吸引力的地方。
2. 描述根據這些特徵你所做出的假設，以及你所採取的行動。
3. 描述對方採取的行動和他們做出的假設。

用中立、平靜的角度觀看影片。也可以考慮與你的治療師或你信賴的朋友一起觀看，以了解他們的觀點。

在生活中實踐鏡像反思

鏡子冥想可能會召喚出一位美麗的女神，長著光滑的頭髮，睫毛濃密，催眠般的凝視著自己，並在脖頸處塗抹著芳香油，但她卻覺得鏡子裡的這個女神像個騙子。她也可能在颳著狂風時走在街上，同時將錄影鏡頭對準自己，看著自己斑駁的睫毛膏同時撥掉黏在唇膏上的散亂頭髮；雖然看起來有點疲倦和浮腫，但她卻覺得這就是自己。沒問題的！意識到你不必完美也能被自己或他人看到，這是鏡子冥想的主要好處。開始確認自己的真實感受會是你現在的首要任務。

你有沒有注意到，能建立幸福而長久的關係的夫妻似乎擁有許多共同的故事？這些正向的回憶有助於他們在關係中欣賞彼此、增添感情和凝聚力。有一個愛你的人在身邊讓你看到自己的美好，這有益於你。我們依賴親近的人為自己講述動聽的故事，積極正向的記憶能帶給我們舒適感、歸屬感和安全感。

現在，無論實際的生活狀況如何，你都擁有了能與自己建立互相關愛和支持的長久關係的工具。

如果定期進行鏡子冥想和影片日記，你會發現它們能提供一種隨時間推移的連續感。開始實踐鏡子冥想和影片日記已經十多年，這段時間，我的生活經歷了很多變化；我一直很慶幸自己能持續不斷地練習鏡子冥想和影片日記，無論生活中發生了什麼、無論好壞，我都堅持看著鏡子裡的自己，因此儘管生活發生了許多變化，這些練習賦予我一種舒適感和可預見性，也幫助我適應與他人關係的變化，同時加強了我與自己的關係。說一個人最長的關係是和自己的關係，這已經是陳腔濫調，但為了自己，每個人最終都得意識到這一點。而透過影片日記，能讓你與自己的關係變得友善、堅固且始終如一。我知道這聽起來像廣告詞，但卻是事實。

我的學生發現透過鏡子冥想和影片日記進行自我反思有很許多益處，這些好處甚至會隨著時間的推移而增加。在進行這些自我反思練習一段時間後，你可能會驚訝於自己的成長，還有自己成功應對了多少生活挑戰。以下列出定期進行鏡子冥想和影片日記的常見益處。

一、發現自己解決問題的能力

如前所述，人們傾向擁有強烈的負向偏誤 (negativity bias)。因此在我們的腦海中，負面事件會比正向事件更為突出，我們很容易忘記自己已經成功應對的挑戰，以及我們因此而成長了多少，就好像頭腦在對自己說：「成功了！所以可以忘記它了。」

除了負向偏誤外，對比已經完成的任務，我們傾向於更容易記住未完成或中斷的任務——這被稱為「**蔡格尼效應**」（Zeigarnik effect）。所以當回顧你的影片日記時，你會驚訝於自己所成功完成或解決的活動、問題和任務的數量，因為你幾乎都會忘了它們。在影片日記中看到這些可以增強自信，並幫助你記得自己的能力。

二、提供不同的視角

當你允許思緒在影片日記中四處漫遊時，它自然會被你正在擔憂的事情所吸引。在觀看這些影片時，你可以獲得一些有價值的視角，了解這些擔憂對自己的影響有多大。你甚至可能發現自己所擔憂的許多問題都是微不足道和無關緊要的。例如麗莎在她的兼職工作中苦於應對老闆的批評。當她觀看影片日記時，發現自己花了許多時間來重播老闆對她說的話，也察覺到自己把老闆的批評看得很重，以致於在做鏡子冥想和影片日記時，她會在心裡反複播放這些批評來讓自己陷入沮喪。離職後，麗莎回顧自己的影片，意識到她浪費了多少時間待在如此大的壓力中，只為了擔心一個她可能不會再見到的人對她的看法。為了協助人們正確看待自己的擔憂，治療師和導師們經常建議人們想像某個特定問題在一年後是否還會影響重大。而在鏡子和影片日記中，你可以親眼見到結果！

三、驗證直覺和預感

當你面對鏡中的自己並使用影片日記來探討你對某些人或情況未經證實的想法和感受時，你會發現自己直覺的實用性。通常我們會有自我審查的習慣，即使內心有一個聲音喃喃說道：「那個人真令人毛骨悚然！」，但這念頭通常很快就會被更愉快的想法所淹沒。我們也可能認定某人具有負面特質，因為他們讓我們聯想到過去某個人——而這個人實際上根本不具備這種特質。透過影片日記可以驗證你的預感。當你對某人產生輕微的懷疑並在影片日記中分享，就可以在與他們建立戀愛關係或業務合作的六個月後回顧影片，確認你的直覺是否正確。還有你是否曾經對某事有不好的預感，但最終沒有發生任何不好的事情？如果你在影片日記中分享這些預感並回顧它們，你就可以了解自己評估人或情況的模式，你就能越做越好，同時學會更加信任自己。

四、建立創意庫

每天盡情地說出自己的想法十分鐘，這可能會讓許多人望之卻步，但實際做起來卻是無以倫比的解放。我的學生們在練習中不必承受「要有創造力」的壓力，還能隨意談論任何他們想知道或好奇的話題，激盪出許多創造性的想法、計畫和解決方案。有些人還養成了腦中一有創意的火花，就會拿出錄影機製作短片的習慣。他們能在任何批判的聲音（無論內部或外部）到達之前就抓住這個想法和當下的熱情，一段時間過去後，回顧自己的一些瘋狂想法是很有趣的，會讓你開懷大笑。

五、培養感恩之心

我的學生們在回看他們的影片時，獲得最有力的體驗之一，就是看到生活改變前的自己。發現現在的你已經擁有過去的自己所想要的事物，可以讓你對生活有嶄新的看法。學生們通常會因此自然而然地產生感激之情；感謝自己的努力以及堅持不懈的克服挑戰以實現目標的能力。他們還會看著影片細細品味過去的經歷，例如回顧與已故親人相處的點滴。這些都是非常寶貴的經歷，而且通常會在我們的記憶中消失。

感謝你與我一起踏上這段自我發現之旅，我希望你能持續的定時練習鏡子冥想和影片日記，因為當你持續的與自己建立誠實、關懷、具有同情心的關係時，你就會發現自己還有很多寶藏值得挖掘。

每當你經過鏡子時，希望你能永遠記得要將自己視為慰藉、感恩和快樂的源泉。我還希望每一次你看到自己都能持續的提醒自己：你是如此的了不起！

致謝

看著鏡子裡的自己並不是那麼容易，感謝所有願意嘗試並與我分享經驗的人，沒有你們的誠實和勇氣，就不可能寫出這本書。如果我發展鏡子冥想的過程只收到祝福和恭賀，那麼這本書可能會空洞無物，因此感謝所有給予我批評的人花時間表達他們對鏡子冥想的擔憂和懷疑，無論這些批評是微妙或強烈的，也無論大或小，這些批評幫助我寫出一本富含同情心的書。感謝 New Harbinger 的團隊：Jennye Garibaldi、Jennifer Holder 和 Wendy Millstone，感謝你們對本書熱情和有益的反饋。感謝 Amy Shoup 出色的封面設計和 Gretel Hakanson 的精心編輯。

特別感謝我的經紀人 Mel Parker，他願意抓住機會並指導我完成出版工作，他的支持非常的重要。非常感謝巴納德社區 (the Barnard community) 的成員。非常感謝 Deborah Spar、Sian Beilock、Linda Bell 的支持。感謝同事們給予我睿智的寫作建議：Jennifer Finney Boylan、Tovah Klein、Scott Barry Kaufman , and Alexandra Horowitz。

特別感謝 Peter Balsam 多年來持續不變的情誼。

感謝 Ann Alexander、Tasha Eurich、Mark Epstein、Kristin Neff、Melanie Greenberg、Valerie Monroe、Margie Warrell、Barbara Stanny-Huson、Juna Bobby、Yvette LeBlowitz、Betsy Rapoport、Linda Sivertsen、Charlotte Lieberman 對本計畫的關注和支持

感謝 the Society for Personology, Dan McAdams、Jefferson Singer、Ed de St. Aubin、Jack Bauer 在我開始研究鏡子和情緒的初期，提供了非常有洞見的建議——感謝你們的開放和耐心。

特別感謝 Tim McHenry 和魯賓藝術博物館（The Rubin Museum of Art）的贊助，讓鏡子冥想得以首次公開亮相，我永遠不會忘記這次愉快而神奇的經驗。

非常感謝 Manal Fakhoury、Rena Romano、Trisha Brouk 以及所有幫助 TEDx Ocala 2019：Reflection 大獲成功的人們，這是一個美妙的時刻，為許多偉大的可能性打開了大門。

感謝為鏡子冥想研究計畫傾注熱情和努力的眾多同學。特別感謝 Jessica Gunther、Lisa Levenson、Breena Moore、Quadrina Noori、Princess Jael、Sophia Quraishi、Alaira Shetty、Maria Tomilenko、Josie Zena-Fazzino。

本書匯集了無數我有幸認識和學習的偉大老師所提供的學習經驗和智慧脈絡。衷心感謝 Mary Abrams、Elizabeth Andes-Bell、Joel Aronoff、Bruce Bell、Barbara Brennan、Mary Ann Bruning、Julia Cameron、Diana Muenz Chen、Deepak Chopra、Emile Conrad、David Ellzey、Joan Halifax、Susan Harper、David Lobenstine、Joyce Lunsford- Crum、Piper Makepeace、Michael Mervosh、Suzi Tucker、Kasia Urbaniak 和 John Kabat-Zinn。

感謝我最忠實的好友們，他們用各種方式支持著我和這個計畫：Marilyn、Karen、Kate、Barbara、Lorraine、Sparky、David、Stuart。我非常珍惜我們的友誼。

1 俊美而自負的少年納西瑟斯 Narcissus 某次外出打獵途經水池，透過倒影看見了自己俊美的臉，於是他愛上了自己的倒影，從此無法從池塘邊離開，最終憔悴而死，在納西瑟斯死去的地方生出了一株水仙花（英文 Narcissus）。

2 KjerstinGruys, Mirror, Mirror Off the Wall (New York: Penguin, 2014); Lara Parker, “This Is What Happened When I Didn’t Look in The Mirror for a Week,” Buzz Feed, May 28, 2015.

3 Yumiko Otsuka, “Face Recognition in Infants: A Review of Behavioral and Near-Infrared Spectroscopic Studies,” Japanese Psychological Research 56, no. 1 (January 2014): 76–90.

4 Philippe Rochat, Tanya Broesch, and Katherin Jayne, “Social Awareness and Early Self-Recognition,” Consciousness and Cognition 21, no. 3 (September 2012): 1491–1497.

5 Catherine Bortolon and Stephanie Raffard, “Self-Face Advantage over Familiar and Unfamiliar Faces: A Three-Level Meta-Analytic Approach,” Psychonomic Bulletin Review 25, no. 4 (2018): 1287–1300.

6 Andrea Zaccaro, et al., “How Breath-Control Can Change Your Life: A Systematic Review on Psycho-Physiological Correlates of Slow Breathing,” Frontiers in Human Neuroscience 12 (September 7, 2018): 353.

7 Andrea Zaccaro, et al., “How Breath-Control Can Change Your Life: A Systematic Review on Psycho-Physiological Correlates of Slow Breathing,” Frontiers in Human Neuroscience 12 (September 7, 2018): 353.

8 Laura HerradorColmenero, et al., “Effectiveness of Mirror Therapy, Motor Imagery, and Virtual Feedback on Phantom Limb Pain Following Amputation,” Prosthetics and Orthotics International 42, no. 3 (June 2018): 288–298.

9 David A. Frederick, Gaganjyot Sandhu, Patrick J. Morse, and Viren Swami, “Correlates of Appearance and Weight Satisfaction in a US National Sample: Personality, Attachment Style, Television Viewing, Self-Esteem, and Life Satisfaction,” Body Image 17 (2016): 191–203.

10 John Cacioppo, Stephanie Cacioppo, and Jackie Gollan, “The Negativity Bias: Conceptualization, Quantification, and Individual Differences,” Behavioral and Brain Sciences 37, no. 3 (March 2014): 309–310.

11 Kate Fox, “Mirror, Mirror: A Summary of Research Findings on Body Image,” Social Issues Research Centre (1997)

12 Rachel Calogero, Self-Objectification in Women: Causes, Consequences, and Counteractions (Washington, DC: American Psychological Association, 2011)

13 Juliana G. Breines, Jennifer Crocker, and Julie A. Garcia, “SelfObjectification and Well-Being in Women’s Daily Lives,” Personality and Social Psychology Bulletin 34, no. 5 (May 2008): 583–598.

14 RotemKahalon, NuritShnabel, and Julia Becker, “Experimental Studies on State Self-Objectification: A Review and an Integrative Process Model,” Frontiers in Psychology 9 (August 13, 2018): 1268.

15 Barbara Fredrickson, et al., “That Swimsuit Becomes You: Sex Differences in Self-Objectification, Restrained Eating, and Math Performance,” Journal of Personality and Social Psychology 75, no. 1 (July 1998): 269–284.

16 achelCalogero, “Objects Don’t Object: Evidence That SelfObjectification Disrupts Women’s Social Activism,” Psychological Science 24, no. 3 (March 2013): 312–318.

17 Anton Minty and Gavin Minty, “The Prevalence of Body Dysmorphic Disorder in the Community: A Systematic Review,” Global Psychiatry (2021): 130–154.

18 Francesca Beilharz, David Castle, Sally Grace, and Susan Rossell, “A Systematic Review of Visual Processing and Associated Treatments in Body Dysmorphic Disorder,” ActaPsychiatricaScandinavica 136, no. 1 (July 2017): 16–36.

19 Wei Lin Toh, David Castle, and Susan Rossell, “How Individuals with Body Dysmorphic Disorder (BDD) Process Their Own Face: A Quantitative and Qualitative Investigation Based on an Eye-Tracking Paradigm,” Cognitive Neuropsychiatry 22, no. 3 (May 2017): 213–232.

20 revorGriffen, Eva Naumann, and Tom Hildebrandt, “Mirror Exposure Therapy for Body Image Disturbances and Eating Disorders: A Review,” Clinical Psychology Review 65 (November 2018): 163–174.

21 Fox, “Mirror, Mirror.

22 Alexander James Kirkham, Julian Michael Breeze, and Paloma Marí-Beffa, “The Impact of Verbal Instructions on Goal-Directed Behaviour,” ActaPsychologica 139, no. 1 (January 2012): 212–219.

23 Gary Lupyan and Daniel Swingley, “Self-Directed Speech Affects Visual Search Performance,” Quarterly Journal of Experimental Psychology 65, no. 6 (June 2012): 1068–1085.

24 Holly E. Brophy-Herb, et al., “Terrific Twos: Promoting Toddlers’Competencies in the Context of Important Relationships,” in Building Early Social and Emotional Relationships with Infants and Toddlers, eds. A. Morris and A. Williamson (Cham, Switzerland: Springer Nature, 2018).

25 AntonisHatzigeorgiadis, Nikos Zourbanos, EvangelosGalanis, and YiannisTheodorakis, “Self-Talk and Sports Performance: A MetaAnalysis,” Perspectives on Psychological Science 6, no. 4 (July 2011): 348–356.

26 Ethan Kross, et al., “Self-Talk as a Regulatory Mechanism: How You Do It Matters,” Journal of Personality and Social Psychology 106, no. 2 (February 2014): 304–324.

27 Jason Moser, et al., “Third-Person Self-Talk Facilitates Emotion Regulation Without Engaging Cognitive Control: Converging Evidence from ERP and fMRI,” Scientific Reports 7 (July 2017): 4519.

28 Kristin Neff, “Self-Compassion: An Alternative Conceptualization of a Healthy Attitude Toward Oneself,” Self and Identity 2, no. 2: 85–101.

29 Jennifer Stellar, Adam Cohen, Christopher Oveis, and DacherKeltner, “Affective and Physiological Responses to the Suffering of Others: Compassion and Vagal Activity,” Journal of Personality and Social Psychology 108, no. 4 (April

2015): 572–585.

30 Nicola Petrocchi, Cristina Ottaviani, and Alessandro Couyoumdjian, "Compassion at the Mirror: Exposure to a Mirror Increases the Efficacy of a Self-Compassion Manipulation in Enhancing Soothing Positive Affect and Heart Rate Variability," The Journal of Positive Psychology 12, no. 6 (June 2017): 525–536.

31 "Compassion at the Mirror: Exposure to a Mirror Increases the Efficacy of a Self-Compassion Manipulation in Enhancing Soothing Positive Affect and Heart Rate Variability," The Journal of Positive Psychology 12, no. 6 (June 2017): 525–536.

32 Nielsen, "Time Flies: US Adults Now Spend Nearly Half a Day Interacting with Media," July 31, 2018.

33 BetulKeles, Niall McCrae, and Annmarie Grealish, "A Systematic Review: The Influence of Social Media on Depression, Anxiety and Psychological Distress in Adolescents," International Joukrnal of Adolescence and Youth 25, no. 1 (January 2020): 79–93

34 Christopher T. Barry, et al., "'Check Your Selfie Before You Wreck Your Selfie': Personality Ratings of Instagram Users as a Function of Self-Image Posts," Journal of Research in Personality 82 (2019): 103843.

35 anarthananBalakrishnan and Mark D. Griffiths, "An Exploratory Study of 'Selfitis' and the Development of the Selfitis Behavior Scale," International Journal of Mental Health and Addiction 16 (March 2018): 722–736.

36 AyeletMeronRuscio, et al., "Cross-Sectional Comparison of the Epidemiology of DSM-5 Generalized Anxiety Disorder Across the Globe," JAMA Psychiatry 74, no. 5 (2017): 465–475.

37 PiergiuseppeVinai, et al., "The Clinical Implications and Neurophysiological Background of Using Self-Mirroring Technique to Enhance the Identification of Emotional Experiences: An Example with Rational Emotive Behavior Therapy," Journal of RationalEmotive Cognitive-Behavioral Therapy 33 (2015): 115–133.

38 Nielsen, "Time Flies."

39 Holly Shakya and Nicholas Christakis, "Association of Facebook Use with Compromised Well-Being: A Longitudinal Study," American Journal Epidemiology 185, no. 3 (February 1, 2017): 203–211.

40 Mental Health America, "Number of People Reporting Anxiety and Depression Nationwide Since Start of Pandemic Hits All-Time High in September, Hitting Young People Hardest," October 20, 2020.

41 American Psychological Association, "Stress in America 2020: A National Mental Health Crisis," online report, 2020.

42 Dan Grupe and Jack Nitschke, "Uncertainty and Anticipation in Anxiety: An Integrated Neurobiological and Psychological Perspective," Nature Reviews Neuroscience 14, no. 7 (July 2013): 488–501.

43 Vinai et al., "Clinical Implications."

44 Bobby Azarian, "How Anxiety Warps Your Perception," BBC Future, September 26, 2016.

45 Judson Brewer, "A 10-Second Eye Exercise to Calm Your Mind," Medium, April 29, 2020.

46 David Orme-Johnson and Vernon Barnes, "Effects of the Transcendental Meditation Technique on Trait Anxiety: A MetaAnalysis of Randomized Controlled Trials," Journal of Alternative and Complementary Medicine 20, no. 5 (May 2014): 330–341.

47 Martin Wegrzyn, et al., "Mapping the Emotional Face. How Individual Face Parts Contribute to Successful Emotion Recognition," PloS One 12, no. 5 (May. 2017): e0177239.

48 Miho Iwasaki and Yasuki Noguchi, "Hiding True Emotions: Micro-Expressions in Eyes Retrospectively Concealed by Mouth Movements," Science Reports 6 (2016): 22049

49 Ute Hülsheger and Anna Schewe, "On the Costs and Benefits of Emotional Labor: A Meta-Analysis of Three Decades of Research," Journal of Occupational Health Psychology 16, no. 3 (March 2011): 361–389.

50 Jun Zhan, Hongfei Xu, Jun Ren, and Jing Luo, "Is Catharsis Beneficial or Harmful? The Psychological Intervention Effect and Potential Harm of Catharsis," Advances in Psychological Science 28, no. 1 (January 2020): 22–32.

51 American Psychiatric Association. Diagnostic and Statistical Manual of Mental Disorders, 5th ed. (Arlington, VA: American Psychiatric Association, 2013).

52 Teresa Farroni, et al., "Eye Contact Detection in Humans from Birth," Proceedings of the National Academy of Sciences of the United States of America 99, no. 14 (2002): 9602–9605.

53 Tania Singer and Olga Klimecki, "Empathy and Compassion," Current Biology 24, no. 18 (September 22, 2014): 875–878.

54 Kamila Jankowiak-Siuda and Wojciech Zajkowski, "A Neural Model of Mechanisms of Empathy Deficits in Narcissism," Medical Science Monitor: International Medical Journal of Experimental and Clinical Research 19 (November 5, 2013), 934–941.

55 Marlies Marissen, Mathijs Deen, and Ingmar Franken, "Disturbed Emotion Recognition in Patients with Narcissistic Personality Disorder," Psychiatry Research 198, no. 2 (July 30, 2012): 269–273.

56 Nicholas Holtzman and Michael Strube, "Narcissism and Attractiveness," Journal of Research in Personality 44, no. 1 (2010): 133–136.

57 Bill Thornton and Jason Maurice, "Physical Attractiveness Contrast Effect and the Moderating Influence of Self-Consciousness," Sex Roles 40 (1999): 379–392.

58 Adam Lipson, David Przybyla, and Donn Byrne. "Physical Attractiveness, Self-Awareness, and Mirror-Gazing Behavior," Bulletin of the Psychonomic Society 21, no. 2 (February 1983): 115–116.

59 Christopher Masi, Hsi-Yuan Chen, Louise C. Hawkley, and John T. Cacioppo. "A Meta-Analysis of Interventions to

Reduce Loneliness," Personality and Social Psychology Review 15, no. 3 (August 2011): 219–266.

60 Andy Arnold, "Smile (but Only Deliberately) Though Your Heart Is Aching: Loneliness Is Associated with Impaired Spontaneous Smile Mimicry," PsyArXiv (April 17, 2019).

61 D. W. Winnicott, "The Capacity to Be Alone," International Journal of Psychoanalysis 39: 416–420.

62 Jari Hietanen, "Affective Eye Contact: An Integrative Review," Frontiers in Psychology 9 (August 28, 2018): 1587

63 New York Times, "Can You Read People's Emotions?" The Well Quiz, October 3, 2013.

64 Miho Nagasawa, et al., "Oxytocin-Gaze Positive Loop and the Coevolution of Human-Dog Bonds," Science 348 (April 17, 2015): 333–336.

65 Stellar et al., "Affective and Physiological Responses."

66 Susan A. Basow, et al., "Perceptions of Relational and Physical Aggression Among College Students: Effects of Gender of Perpetrator, Target, and Perceiver," Psychology of Women Quarterly 31, no. 1 (2007): 85–95.

67 Sean Talamas, et al., "Blinded by Beauty: Attractiveness Bias and Accurate Perceptions of Academic Performance," PloS One 11, no. 2 (February 17, 2016): e0148284.

68 Margaret M. Clifford and Elaine Walster, "The Effect of Physical Attractiveness on Teacher Expectations," Sociology of Education 46, no. 2 (1973): 248–258.

69 Bradley Ruffle and Ze'ev Shtudiner, "Are Good-Looking People More Employable?" Management Science 61 (2011), https://doi.org/10.2139/ ssrn.1705244.

70 Justin Gunnell and Stephen Ceci, "When Emotionality Trumps Reason: A Study of Individual Processing Styles and Juror Bias," Behavioral Sciences and the Law 28, no. 6 (November 25, 2010): 850–877

BB7080

鏡子冥想：

運用神經科學技巧，練習自我反芻，舒緩壓力，同理自己，增加自信

Mirror Meditation: The Power of Neuroscience and Self-Reflection to Overcome Self-Criticism, Gain Confidence, and See Yourself with Compassion

作　　者／塔拉・威爾（Tara Well Ph. D.）
譯　　者／舒子宸
企劃選書／韋孟岑
責任編輯／韋孟岑

版　　權／吳亭儀、江欣瑜、林易萱
行銷業務／黃崇華、周佑潔、賴玉嵐
總 編 輯／何宜珍
總 經 理／彭之琬
事業群總經理／黃淑貞
發 行 人／何飛鵬
法律顧問／元禾法律事務所　王子文律師
出　　版／商周出版
臺北市 104 中山區民生東路二段 141 號 9 樓
電話：(02) 2500-7008　傳真：(02) 2500-7759
E-mail：bwp.service@cite.com.tw
Blog：http://bwp25007008.pixnet.net./blog
發　　行／英屬蓋曼群島商家庭傳媒股份有限公司城邦分公司
臺北市 104 中山區民生東路二段 141 號 2 樓
書虫客服專線：(02)2500-7718、(02) 2500-7719
服務時間：週一至週五上午 09:30-12:00；下午 13:30-17:00
24 小時傳真專線：(02) 2500-1990；(02) 2500-1991
劃撥帳號：19863813　戶名：書虫股份有限公司
讀者服務信箱：service@readingclub.com.tw
城邦讀書花園：www.cite.com.tw
香港發行所／城邦（香港）出版集團有限公司
香港灣仔駱克道 193 號超商業中心 1 樓
電話：(852) 25086231 傳真：(852) 25789337
E-mail：hkcite@biznetvigator.com
馬新發行所／城邦（馬新）出版集團【Cité (M) Sdn. Bhd】
41, Jalan Radin Anum, Bandar Baru Sri Petaling,
57000 Kuala Lumpur, Malaysia.
電話：(603)90563833　傳真：(603)90576622
E-mail：service@cite.my

國家圖書館出版品預行編目資料

鏡子冥想 : 運用神經科學技巧，練習自我反芻，舒緩壓力，同理自己，增加自信 / 塔拉．威爾 (Tara Well) 著；舒子宸譯. -- 初版. -- 臺北市：商周出版：英屬蓋曼群島商家庭傳媒股份有限公司城邦分公司發行，民 112.05
304 面；14.8*21 公分
譯自：Mirror meditation : the power of neuroscience and self-reflection to overcome self-criticism, gain confidence, and see yourself with compassion.
ISBN 978-626-318-641-5（平裝）
1.CST: 靈修 2.CST: 自我肯定 3.CST: 成功法
177.2　　112003740

線上版讀者回函卡

封面設計／萬勝安
內文排版／江麗姿
印　　刷／卡樂彩色製版印刷有限公司
經 銷 商／聯合發行股份有限公司
電話：(02)2917-8022　傳真：(02)2911-0053

■ 2023 年 05 月 07 日初版
定　　價／420 元
ISBN　978-626-318-641-5（平裝）
ISBN　978-626-318-646-0（EPUB）

城邦讀書花園
www.cite.com.tw

Beautiful Life

Beautiful Life